Zur Dogmatik des Begriffs „Steuerumgehung".

Von

Albert Hensel.

Inhaltsübersicht.

	Seite
I. Entstehungsgeschichte des § 5 AO	219
II. a) Deduktive Entwicklung des Begriffs „Steuerumgehung"	223
b) Verhältnis zur fraus legi facta	226
III. Abgrenzung von verwandten Begriffen	232
IV. Umgehungsbekämpfung durch erweiternde Auslegung und Analogieschluß	237
V. Umgehungsbekämpfung durch Sätze des Gewohnheitsrechts (bisherige Rechtsprechung zur Steuerumgehung)	247
VI. Umgehungsbekämpfung durch Spezialklauseln	261
VII. Umgehungsbekämpfung durch eine Generalklausel	266
VIII. a) Die ratio legis in § 5 AO. Absatz I	268
b) Die einzelnen Merkmale des „Mißbrauches" in § 5 AO. Abs. II	270
c) Die Rechtsfolgen in § 5 AO. Absatz III	272
IX. Verhältnis der Steuerumgehung zu den Spezialklauseln	273
X. Verhältnis der Steuerumgehung zur Steuerersparung	275
XI. Verhältnis der Steuerumgehung zur Steuerhinterziehung	278
XII. Praktische Erfahrungen und Vorschläge de lege ferenda	282

I.

Nur wenige Bestimmungen des für die Begründung eines einheitlichen deutschen Steuerrechts wichtigsten Gesetzes, der Reichsabgabenordnung, wurden in den parlamentarischen Verhandlungen ernsthaft umkämpft; unter ihnen steht wohl an erster Stelle die Generalklausel zur Verhütung der Steuerumgehung. Der bekannte § 5 der Reichsabgabenordnung lautet in seiner endgültigen, gegenüber dem Entwurf nur unwesentlich geänderten Fassung:

I. *Durch Mißbrauch von Formen und Gestaltungsmöglichkeiten des bürgerlichen Rechts kann die Steuerpflicht nicht umgangen oder gemindert werden.*

II. *Ein Mißbrauch im Sinne des Abs. I liegt vor, wenn:*
  1. *in Fällen, wo das Gesetz wirtschaftliche Vorgänge, Tatsachen und Verhältnisse in der ihnen entsprechenden rechtlichen Gestaltung einer Steuer unterwirft, zur Umgehung der Steuer ihnen nicht entsprechende, ungewöhnliche Rechtsformen gewählt oder Rechtsgeschäfte vorgenommen werden, und*
  2. *nach Lage der Verhältnisse und nach der Art, wie verfahren wird oder verfahren werden soll, wirtschaftlich für die Beteiligten im wesentlichen derselbe Erfolg erzielt wird, der erzielt wäre, wenn eine den wirtschaftlichen Vorgängen, Tatsachen und Verhältnissen entsprechende rechtliche Gestaltung gewählt wäre, und ferner*
  3. *etwaige Rechtsnachteile, die der gewählte Weg mit sich bringt, tatsächlich keine oder nur geringe Bedeutung haben.*

III. *Liegt ein Mißbrauch vor, so sind die getroffenen Maßnahmen für die Besteuerung ohne Bedeutung. Die Steuern sind so zu erheben, wie sie bei einer den wirtschaftlichen Vorgängen, Tatsachen und Verhältnissen angemessenen recht-*

lichen Gestaltung zu erheben wären. Steuern, die auf Grund der für unwirksam zu erachtenden Maßnahmen etwa entrichtet sind, werden auf Antrag erstattet, wenn die Entscheidung, die diese Maßnahmen als unwirksam behandelt, rechtskräftig geworden ist."

Darüber, daß das Ziel dieser Bestimmung, die Bekämpfung des Steuerschiebertums, erstrebenswert sei, herrschte wohl bei allen an der Gesetzgebung beteiligten Stellen Einigkeit; bestritten wurde lediglich, daß eine Norm dieser Art ein geeignetes Mittel sei, dieses Ziel zu erreichen; man befürchtete vielfach, der Paragraph würde in der Hand fiskalisch denkender Steuerbehörden auch dem redlichen Verkehr allzu große Schranken auferlegen, während er auf der anderen Seite doch nicht ausreiche, dem skrupellosen Schieber wirksam entgegenzutreten; man glaubte, die bereits vorhandenen Rechtsnormen reichten aus, dem Umgehungsgeschäft die steuerliche Wirksamkeit zu versagen, vor allem sei die Rechtsprechung der obersten Gerichte schon lange auf dem richtigen Wege in der Bekämpfung des „in fraudem legis agere" auf steuerrechtlichem Gebiete; eine Gesetzesklausel würde den Gerichten eher Schranken auferlegen, als ihnen neue Bahnen eröffnen. Im Gegensatz zu dieser ablehnenden Haltung namentlich der das Unternehmertum vertretenden Parteien setzte sich die Regierung, vor allem der damalige Reichsfinanzminister Erzberger, lebhaft für die sachlich unveränderte Aufnahme der Bestimmung des Entwurfs in das Gesetz ein. Sie bestritt, daß die Gerichte den Kampf gegen die Gesetzesumgehung auf steuerrechtlichem Gebiete bereits wirksam aufgenommen hätten oder nach dem Stande der bisherigen Gesetzgebung überhaupt aufnehmen könnten. Der Unsittlichkeit, welche darin liege, sich durch Anwendung von allerhand Kniffen und Winkelzügen auf Kosten der Allgemeinheit Steuervorteile zu erschleichen, dürfe auf keinen Fall weiter Vorschub geleistet werden; dem deutschen Volk könne die Übernahme der ungeheuren Finanzlasten nur zugemutet werden, wenn es sehe, auch im Steuerrecht gelte der Grundsatz der „Nachbargleichheit", die Schicksalsgemeinschaft des ganzen Volkes erstrecke sich auch auf die gleichmäßige Heranziehung zu sämtlichen Abgaben. Nur wenn den Behörden scharfe Waffen in die Hand gegeben und diese, wenn erforderlich, rücksichtslos gebraucht würden, könne der anständige Steuerzahler Vertrauen zu der Verwaltung besitzen. Überdies sei der Paragraph so verklausuliert, daß eine Gefahr für den redlichen Verkehr nicht zu befürchten sei. Man gäbe zu, die Fassung sei ein Notbehelf; bisher sei es aber nicht gelungen, etwas Besseres an ihre Stelle zu setzen. Später könne man vielleicht nach reicheren praktischen Erfahrungen zu einer Umarbeitung schreiten.

Das ganze moralische Gewicht, welches der Regierung bei ihrem Eintreten für die Umgehungsklausel zur Seite stand, mag schließlich den Ausschlag für ihre Aufnahme in das Gesetz gegeben haben. Man kann sich aber beim Durcharbeiten der Parlamentsdebatten[1]) des Eindrucks nicht erwehren, daß mehr gefühlsmäßige als juristische Gründe für und wider ins Feld geführt wurden. Über den Rechtsbegriff des Steuerumgehungsgeschäfts, über die Tragweite dieses Begriffs in der praktischen Anwendung herrschte ziemlich allgemein Unklarheit. Dies ist auch durch die Behandlung des § 5 AO. in der Literatur bisher kaum geändert worden. Während der Verhandlungen der Nationalversammlung über die Reichsabgabenordnung und kurz nach ihrer Annahme fand die Bestimmung in der Tages- und Fachpresse starke Beachtung[2]). Zu einer juristischen Dogmatik des Umgehungsbegriffs gelangte man indessen damals nicht[3]). Seit den Monaten kurz nach der Annahme der Abgabenordnung sind wertvolle neue Arbeiten über den § 5 kaum veröffentlicht worden[4]): Monographische Einzel-

---

[1]) Eine gute Übersicht über ihren wesentlichen Inhalt bringt der Kommentar zur Reichsabgabenordnung von Mrozek, 2. Aufl., Köln 1922, in seinen Bemerkungen 1—4 zu § 5.

[2]) Ich nenne aus dem zahlreichen Schrifttum: Becker im Bankarchiv Jahrg. XIX, S. 14ff.; Görres im Bankarchiv Jahrg. XIX, S. 30; Boethke im Pr.Verw.Bl. 41, S. 121; Strutz in D.St.Ztg. 1919, S. 218; Moos, Recht und Wirtschaft 1919, S. 206; Flechtheim im Jur.Wo. 1919, S. 782; Konietzko in D.St.Ztg. 1919, S. 145; Wassertrüdinger in Zeitgem. St.fragen 1920, S. 107.

[3]) Am nächsten kommt einer wirklichen Dogmatik des Umgehungsbegriffs vielleicht Roth in seinem wenig beachteten Aufsatz „Der Steueranspruch nach Treu und Glauben", Neue Steuerrundschau 1920, S. 100 ff.

[4]) Zu nennen wäre etwa Rosendorff, Steuerersparung, Steuerumgehung, Steuerhinterziehung, Berlin 1920.

behandlung hat die Steuerumgehung nur einmal erfahren[1]); diese Arbeit versucht zum erstenmal § 5 AO. in einen größeren, über das Steuerrecht hinausgreifenden juristischen Zusammenhang hineinzustellen. Mangelndes Verständnis läßt den Verfasser nicht über eine einigermaßen brauchbare Materialsammlung hinausgelangen; eine Brücke zwischen Gesetzesumgehung und Steuerumgehung schlägt er nicht; wo es auf scharfe Differenzierung beider Begriffe ankommt, versagt er. Und so ist seine einzige Forderung de lege ferenda: Streichung der ganzen Bestimmung; durch richtige Auslegung der Steuergesetze könne jedem nur möglichen Umgehungsversuch wirksam entgegengetreten werden. — Das ist im Grunde auch die These des Verfassers des Entwurfs der Reichsabgabenordnung, des jetzigen Senatspräsidenten am Reichsfinanzhof, Enno Becker, die er neuerdings in seinem Kommentar zur Reichsabgabenordnung[2]) wiederholt vertritt. Jedoch ist die Auffassung Beckers sehr viel tiefer begründet als die aller anderen Schriftsteller. Seine Grundanschauung vom Wesen der Steuergesetze als wirtschaftlicher Tatbestände drängt ihn mit Notwendigkeit zu dem Satze: Umgehungsbekämpfung ist Auslegungsfrage. Ich halte diesen Grundsatz für verfehlt und will in den folgenden Darlegungen versuchen, ihn zu widerlegen. Ich glaube im Gegenteil nur dadurch zur Klarstellung des Umgehungsbegriffs gelangen zu können, daß man ihn vom Bereich der durch Auslegung zu lösenden Fragen sowie von anderen verwandten Rechtsinstituten scharf abgrenzt.

Zu einer solchen dogmatischen Untersuchung ist vielleicht heute eher die Zeit als vor vier Jahren. Die übertriebenen guten und bösen Prophezeiungen, mit denen man den § 5 AO. bei seiner Entstehung begrüßte, lassen sich jetzt beiderseits auf ein richtigeres Maß zurückführen; es hat sich herausgestellt, daß § 5 AO. bei weitem nicht die praktische Bedeutung hat, die man ihm vorhersagte[3]). Das schließt nicht aus, daß das grundsätzlich Neue, was er bringt,

---

[1]) Fritz Nees, Steuerumgehung, § 5 Reichsabgabenordnung und das bürgerliche Recht, Mainz 1921.
[2]) 2. Aufl. Berlin 1922.
[3]) Im wesentlichen richtig hat schon Boethke a. a. O. die praktische Wirkung des § 5 A.O. beurteilt.

schon jetzt von hohem wissenschaftlichen Interesse ist und daß weiter später einmal eine Zeit kommen kann, die gezwungen ist, stärker mit der Bestimmung zu arbeiten, als dies bisher notwendig gewesen ist. Irgendwann einmal muß aber der dogmatische Kern einer so wichtigen Bestimmung geklärt werden; ist das bei den überstürzten Verhandlungen nicht möglich gewesen, so muß die Arbeit nachgeholt werden. Das mag dann als Vorarbeit für eine Revision der Reichsabgabenordnung gelten, die früher oder später in Angriff genommen werden muß.

Da sich die nachfolgende Untersuchung das Ziel setzt, den Begriff der Steuerumgehung dogmatisch klarzustellen, wird sie zunächst von der Gestaltung absehen, die dieser Begriff in der positiven Bestimmung des § 5 AO. erfahren hat. Erst wenn das Ziel feststeht, kann man prüfen, ob ein bestimmtes Mittel geeignet ist, es zu erreichen. So bedarf es zuerst einer deduktiven Herleitung des Begriffs „Steuerumgehung" sowie einer Untersuchung des Verhältnisses dieses Begriffs zu seinem Oberbegriff, der Gesetzesumgehung überhaupt.

II.

a) Jedes Steuergesetz verfolgt einen bestimmten finanzpolitischen Zweck: dem Staat sollen die Geldmittel, deren er zur Erfüllung seiner Aufgaben bedarf, zugeführt werden, und zwar sollen diejenigen Personen gehalten sein, Steuern aufzubringen, deren wirtschaftliche Lage den Zugriff in die Privatvermögenssphäre zumutbar erscheinen läßt. Die Entscheidung darüber, welche wirtschaftlichen Gesichtspunkte maßgebend sein sollen für die Erhebung einer bestimmten Abgabe, trifft der Gesetzgeber; er hat sich darüber schlüssig zu werden, ob und inwieweit der an Einkommen oder Vermögen Reiche, der Verbraucher von Luxusartikeln, der Besitzer gewinnbringender Produktionsmittel, der Neuerwerber zinstragenden Gutes usw. zugunsten der Allgemeinheit belastet werden sollen. — Diese Entscheidung über die zur Besteuerung geeignete Wirtschaftslage (im weitesten Sinne) ist politischer, nicht rechtlicher Natur; die juristische Aufgabe des Steuergesetzgebers beginnt erst mit der Umformung des legislatorischen Motivs zum Rechtssatz, der gewählten ökonomischen Situation zum gesetzlichen Tatbestand.

Bei Erfüllung dieser gesetzestechnischen Aufgabe kann der Gesetzgeber zunächst von der Erfahrungstatsache ausgehen, daß das Wirtschaftsleben bestimmte wirtschaftliche Situationen durch Gebrauch entsprechender Rechtsfiguren, welche die Rechtsordnung zur Verfügung stellt, herbeizuführen pflegt: wer einem anderen die unbeschränkte Verfügungsmacht über ein Stück Land übertragen will, wird ihm das Eigentum an diesem Grundstück verschaffen; das kann er aber nur, wenn er den vom Gesetz hierfür vorgezeichneten Weg der Auflassung und Eintragung beschreitet. Hat daher der Steuergesetzgeber beschlossen, den Neuerwerb von Boden mit einer Steuer zu belegen, so kann er dies dadurch erreichen, daß er die Auflassung (oder Eintragung) zum Tatbestandsmerkmal einer Grunderwerbsteuer erhebt. Neuerwerb und Auflassung ist zwar nicht dasselbe; aber der Gesetzgeber setzt voraus, daß sich ein wirtschaftlicher Neuerwerb im Rechtsleben stets in der Form der Auflassung abzeichnen wird. Der Steuertatbestand setzt sich somit aus einzelnen Rechtsfiguren und -instituten zusammen, von denen der Gesetzgeber annimmt, daß sie im Verkehrsleben die Erreichung derjenigen Wirtschaftslage kennzeichnen, welche er mit der Steuerauflage zu treffen beabsichtigte.

Die Aufgabe der Aufstellung eines der ökonomischen Situation völlig gleichwertigen rechtlichen Tatbestandes wird bei der Verschiedenheit von Recht und Wirtschaft stets nur annähernd erfüllt werden können. Der Gesetzgeber wird bemerken, daß bestimmte wirtschaftliche Erfolge nicht nur auf den von ihm für allein üblich gehaltenen (und daher in den Steuertatbestand einbezogenen) Wegen erreicht werden können, sondern auch auf anderen, weniger häufig begangenen Pfaden, an denen die Schranke des Steuertatbestandes noch nicht errichtet worden ist. Schlägt das Verkehrsleben zur Erreichung des gewünschten Erfolges diese vom Gesetzgeber übersehenen Nebenwege ein, vermeidet es also den Tatbestand des Steuergesetzes, so ist insoweit die bezweckte Wirkung vereitelt, das Gesetz umgangen; das Recht bietet vielfach die Möglichkeit, denjenigen wirtschaftlichen Erfolg, der nach der Absicht des Steuergesetzgebers unter steuerlicher Belastung erkauft werden sollte, auch ohne Verwirklichung des im Steuergesetz normierten Tatbestandes (und somit ohne daß ein

Steueranspruch des Staates zur Entstehung gelangte), zu erreichen.

Hiernach können wir die „Steuerumgehung" definieren als die Erreichung einer bestimmten wirtschaftlichen Lage, unter Vermeidung des rechtlichen Tatbestandes, welchen der Gesetzgeber hierfür als üblich im Verkehrsleben angesehen und daher zur Voraussetzung der Entstehung des Steueranspruchs erhoben hat[1]).

Unter diese Begriffsbestimmung läßt sich auch der scheinbar entgegengesetzt gelagerte Sonderfall bringen, daß der Umgeher absichtlich den gesetzlichen Tatbestand einer Befreiungsvorschrift verwirklicht, um sich die damit verbundenen Steuervorteile zu verschaffen, welche ihm nach dem Zweck der Sondernorm nicht zukommen sollten[2]). Auch hier ist der zur Steuerschuld führende gesetzliche Tatbestand insoweit nicht verwirklicht, als die Merkmale des Befreiungstatbestandes zutreffen, der nichts anderes als eine Einschränkung des positiven Tatbestandes ist[3]).

---

[1]) Beispiel: Der Gesetzgeber will die Bereitstellung von Geldmitteln für ein ins Leben zu rufendes wirtschaftliches Unternehmen mit einer Steuer belegen. Er verknüpft diese Steuer rechtlich mit der „Gründung" einer Erwerbsgesellschaft. Der rechtliche Tatbestand des Steuergesetzes kann dadurch umgangen werden, daß der Rechtsakt der „Gründung" vermieden wird durch Umwandlung eines liquidationsreifen Unternehmens in eine vollständig neue Gesellschaft. Vgl. den berühmten Mitropa-Fall, Entscheidungen und Gutachten des Reichsfinanzhofs. Bd. I, S. 126.

[2]) Beispiel: Der gefährdete Hypothekengläubiger ist bei der Grunderwerbsteuer besser gestellt als der gewöhnliche Erwerber. A. verschafft sich (zur Minderung der Grunderwerbsteuer) eine wertlose Hypothek und schafft dadurch die Voraussetzungen für die Anwendbarkeit der Befreiungsvorschrift beim Erwerb des Grundstücks. — Einen weiteren interessanten Fall dieser Art enthält die Bd. VI, S. 118 veröffentlichte Entscheidung des Reichsfinanzhofs.

[3]) Das Verhältnis von Steuerschuldnorm und Befreiungsvorschrift kann hier nicht ausführlich behandelt werden; in meiner demnächst erscheinenden Darstellung des Steuerrechts werde ich nachweisen, daß die Befreiungsvorschrift nur ein gesetzestechnisches Mittel zur genauen Abgrenzung des Steuertatbestandes darstellt. Soweit sie verwirklicht ist, kann der positive Schuldtatbestand nicht erfüllt sein. Die Umgehung durch Verwirklichung einer Befreiungsnorm ist in Parallele zu bringen mit den Fällen des sog. „Auf-sich-ziehens" einer gesetzlichen Bestimmung; vgl. zu diesem Begriff Vetsch, Die Umgehung des Gesetzes, Zürich 1917, S. 230 ff.; die richtige Verbindung zwischen frauduloser Anwendung und Abwendung eines

b) Daß die Umgehung eines Steuergesetzes verwandt ist mit dem allgemeinen Begriff der „Gesetzesumgehung", leuchtet ohne weiteres ein. Freilich ist diese Verwandtschaft entfernter als man zunächst annehmen möchte. Dafür spricht schon rein äußerlich, daß die wenigen Arbeiten, die sich mit der Gesetzesumgehung beschäftigen, kaum auf den gewiß praktisch wichtigen Sonderfall der Steuerumgehung eingehen[1]. — Ich sehe davon ab, den Begriff der Gesetzesumgehung hier eingehend zu untersuchen[2]. Er steht in den für unser Untersuchungsobjekt wesentlichen Merkmalen fest genug. Mir kommt es im Gegenteil darauf an, die Differenzierungen aufzuzeigen, die man vornehmen muß, um den

---

Rechtssatzes findet sich bereits bei Thöl, Einleitung in das deutsche Privatrecht § 65 Anm. Auf Thöl fußend Fuchs, Umgehung des Gesetzes, Göttingen 1917, S. 17 ff.

[1] So namentlich die bisher brauchbarste Monographie von Vetsch, Die Umgehung des Gesetzes (in fraudem legis agere), Zürich 1917, der erst auf S. 299 ganz kurz einige Fälle von Steuerumgehung aufführt, ohne sie freilich in ihren Besonderheiten zu untersuchen. — Im übrigen darf diese Arbeit als beste Zusammenstellung der bisherigen Veröffentlichungen und gelegentlichen Bemerkungen gelten; sie berücksichtigt namentlich auch die wichtige neuere italienische Literatur zum Begriff des „in fraudem legis agere" eingehend. Gleichzeitig (und unabhängig von Vetsch) erschien die Abhandlung von Fuchs, Umgehung des Gesetzes, Göttingen 1917, die mit starkem philosophischem Rüstzeug arbeitet, für unser Spezialproblem aber kaum etwas Verwendbares bringt. Die im Steuerrecht so bedeutsame „rechtsstaatliche" Frage nach der Zulässigkeit des Analogieschlusses im „Eingriffsrecht" (s. darüber unten S. 245 ff.) wird nur einmal S. 42 kurz gestreift. — Aus der früheren Zeit sind einige Abhandlungen wertvoll, die vor allem die Tragweite des Umgehungsbegriffs im römischen Recht eingehend untersuchen. Ich nenne aus ihrer Zahl: Pfaff, Zur Lehre vom sog. in fraudem legis agere, Wien 1892; Neff, Beiträge zur Lehre von der fraus legi facta in den Digesten, Berlin 1895. — Weniger erfreulich: Lurje, Die Umgehung des Gesetzes und ihr Recht, Arch. f. bürgerl. R. Bd. 41, S. 372 ff. — Ich stimme Endemann in seiner Besprechung der Vetschchen Arbeit (Jur. Wochenschr. 1918, S. 409) darin zu, daß das Letzte über die Gesetzesumgehung noch nicht gesagt ist; der Begriff ist viel differenzierter, als man bisher anzunehmen geneigt ist. Namentlich sind die Modifikationen, welche die fraus legi facta auf öffentlich-rechtlichem Gebiete erfährt, noch nicht genügend beachtet und untersucht.

[2] Damit beschäftigt sich der Hauptteil der Arbeit von Nees, a. a. O., S. 1—24, ohne jedoch gegenüber Vetsch u. a. etwas Neues zu bringen und vor allem, ohne die wesentlichen Modifikationen dieses Begriffs auf dem von ihm zu behandelnden Sondergebiet genügend klarzustellen.

Unterfall der Steuerumgehung dem Oberbegriff der Gesetzesumgehung überhaupt einordnen zu können. Es wird sich zeigen, daß beide Begriffe, wenn man sie juristisch brauchbar erhalten will, recht weit voneinander entfernt liegen.

Eine weitverbreitete Meinung will die Anwendbarkeit des Begriffs Gesetzesumgehung auf das Gebiet der **Verbotsgesetze** beschränken[1]; folgt man ihr, so würde von vornherein ein scharfer Trennungsstrich zwischen Gesetzes- und Steuerumgehung gezogen sein; denn ein gesetzliches Verbot, wirtschaftliche Erfolge auf anderen als den vom Steuergesetzgeber für üblich gehaltenen Rechtswegen zu erreichen, ist in kein Steuergesetz hineinzuinterpretieren. Ohne jede Rücksicht aber auf die hier zu behandelnde Steuerumgehung halte ich diese Ansicht für unbegründet. Auch das konditionale Gebotsgesetz will das Wirtschaftsleben in bestimmte Bahnen weisen. Absichtliche Vereitelung der Rechtsbedingung unter Erreichung des wirtschaftlichen Erfolges ohne die als Bedingungsfolge vorgesehene Rechtswirkung ist Umgehung

---

[1] Begründet ist diese Ansicht von Endemann, Über die zivilrechtliche Wirkung der Verbotsgesetze in gemeinen Recht, 1887, S. 126; ausgebaut hat diese Behauptung namentlich Linckelmann, Die Sicherungsübereignungen, Arch. Bürg.R. 7, S. 217ff.; dieser beruft sich für seine Auffassung auf die römischen Quellen, welche nach seiner Meinung sämtlich nur von Verbotsgesetzen sprechen [vgl. namentlich l. 29 D. 1, 3 (Paulus): „Contra legem facit, qui id facit, quod lex prohibet, in fraudem vero, qui salvis verbis legis, sententiam eius circumvenit." l. 30 D. 1, 3: (Ulpian): „Fraus enim legi fit, ubi quod fieri noluit, fieri autem non vetuit, id fit: et quod distat ῥητὸν ἀπὸ διανοίας, hoc distat fraus ab eo, quod contra legem fit"; vgl. ferner l. 5 pr. C. 1, 14]. Hiergegen wendet sich mit Recht Barthelmes, Das Handeln in fraudem legis, 1889, S. 5, mit dem Hinweis auf l. 16, D. 37, 14, wo Ulpian den Begriff des in fraudem legis agere auf die Handlungsweise des Freigelassenen anwendet, welcher sich seiner Pflicht, dem Patron einen Pflichtteil zuzuwenden, durch absichtliche Vermögensverminderung entzieht. — Linckelmann begründet dann seine Ansicht dogmatisch mit folgender Erwägung: Gebotsgesetze bestimmen die Voraussetzungen, an deren Eintritt der Erwerb oder Verlust von Rechten sich knüpft. Werden diese Voraussetzungen nicht erfüllt, so ist die einzige Folge, daß die im Gesetze vorgesehene Rechtswirkung nicht eintritt. Das sei keine Umgehung, sondern einfache Nichterfüllung des Gesetzes, das hierbei überhaupt nicht berührt werde. — Über die große Nachfolgerschaft Linckelmanns und die gleichfalls beträchtliche Gegnerschaft dieser einschränkenden Ansicht vgl. Vetsch, a. a. O., S. 273ff. Dagegen auch Fuchs, a. a. O., S. 20ff.

des Gesetzes und Vereitelung des Gesetzeszweckes, genau so, wie wenn es sich um ein formelles Verbotsgesetz handelt.

Wir müssen aber weitergehen und sagen, daß sich das Steuergesetz auch mit dem gewöhnlichen Gebotsgesetz nicht völlig deckt, und zwar besteht eine Differenzierung in zweierlei Hinsicht. Zunächst ist beim Steuergesetz in den weitaus meisten Fällen der Eintritt der Voraussetzungen des Gebots vom Willen des vom Gebot Betroffenen abhängig; anders z. B. bei den Vorschriften des Personenstandsgesetzes über die Anmeldung von Todesfällen, deren Norm wir etwa in die Worte zusammenfassen können: „wenn eine Person stirbt, so hat . . .‟; soweit wir die conditiones iuris mit der echten Bedingung überhaupt vergleichen können, müßten wir beim Steuergebot von Potestativbedingungen des Gesetzes sprechen. Mit anderen Worten: ob und inwieweit der gesetzliche Steuertatbestand verwirklicht wird, hängt fast in allen Fällen allein vom Willen des Steuerschuldners ab, und es besteht kein Gebot, das ihm vorschriebe, sein Wirtschaftsgebahren so einzurichten, daß dem Staate möglichst hohe Steuerbeträge zufließen. Im Gegenteil: Wissenschaft und Praxis erkennen auch heute noch den Grundsatz der sog. **Wirtschaftsfreiheit** voll an, der besagt: **niemand ist es verwehrt, sich so einzurichten, daß er möglichst wenig Steuern zu entrichten braucht**[1]). — Vielmehr ist es grundsätzlich Sache des Gesetzgebers, die Steuertatbestände so auszugestalten, daß das Wirtschaftsleben notwendigerweise mit dem Willen zu bestimmten wirtschaftlichen Erfolgen auch den Willen zur Verwirklichung des Steuertatbetsandes aufbringen wird.

Eine zweite Differenzierung ergibt sich aus der Frage: Wer wird durch die Steuerumgehung geschädigt? Wir kennen Gebotsgesetze im Interesse der vom Gebot Betroffenen (Schriftlichkeit der Bürgschaftserklärung), oder etwa im Interesse der Allgemeinheit, ohne Rücksicht auf einen bestimmten Dritten, (darunter fallen namentlich Formvorschriften, welche die Publizität des betreffenden Rechtsgeschäfts wahren sollen); beides trifft beim Gebot der Steuer-

---

[1]) Vgl. u. a. Begr. zum Entwurf der Reichsabgabenordnung. Drucks. d. Nat.-Vers. Nr. 759, S. 580.

zahlung nicht zu[1]). Geschädigt wird unmittelbar ausschließlich ein bestimmtes drittes Rechtssubjekt (der Staat), dessen Steueranspruch durch absichtliche Vermeidung des gesetzlichen Tatbestandes nicht zur Entstehung gelangt, obwohl er nach der Absicht des Gesetzgebers bei wirtschaftlichen Situationen dieser Art entstehen sollte. Der durch die Steuerumgehung geschaffene wirtschaftliche Zustand wird nicht als solcher vom Gesetz objektiv gemißbilligt; verhütet werden soll nur die Nebenfolge des Zustandes, die Steuerfreiheit des Umgehers, dessen Wirtschaftsgebaren im übrigen unantastbar ist. Damit reiht sich die Steuerumgehung ein unter die Fälle der sog. „Drittbenachteiligung"[2]) und ist in dieser Hinsicht insbesondere mit der Umgehung des Lohnbeschlagnahmegesetzes durch die sog. 1500-Mark-Verträge auf eine Stufe zu stellen[3]).

---

[1]) Wenigstens nicht unmittelbar. Man zahlt nicht die Steuern an die „Allgemeinheit", sondern an den Staat; und eine Steuerumgehung schädigt die Allgemeinheit nicht direkt, sondern nur dadurch, daß der Staat (vielleicht!) gezwungen wird, der Allgemeinheit größere Opfer aufzuerlegen.

[2]) Der Ausdruck „Drittbenachteiligung" stammt von Vetsch, S. 299, der aber mit Unrecht auf die Quellenstelle l. 16 D. 37, 14 verweist, welche dem in fraudem legis agere ein agere in fraudem patroni gegenüberstellt. In Fällen der letzteren Art kommt das Gesetz zwar noch zur Anwendung, aber nur in quantitativ beschränktem Umfang, während beim in fraudem legis agere die Anwendbarkeit des Rechtssatzes selbst entfällt. Dies setzt gut auseinander Pfaff a. a. O., S. 113f. Die Benachteiligung eines speziellen Dritten (nicht der Allgemeinheit oder möglicherweise des Täters) kann aber sowohl durch ein agere in fraudem legis wie auch durch ein agere in fraudem alicuius personae bewirkt werden; bei der Steuerumgehung kommt in allen Fällen nur ein agere in fraudem legis in Frage, selbst dann, wenn die Umgehung nur für einen Teil des steuerpflichtigen Gegenstandes ins Werk gesetzt wird (etwa wenn ein Teil des wirtschaftlichen Einkommens durch Einsetzung eines ungerechtfertigten Delkredarekontos, gegen das formell juristisch von der Steuerbehörde nichts eingewandt werden kann, seines Charakters als steuerbaren Einkommens entkleidet wird). — Drittbenachteiligung und agere in fraudem alicuius personae ist also nicht dasselbe; der erstere Begriff bezieht sich auf das Ergebnis, der letztere auf das Mittel. Das agere in fraudem personae zur Gesetzesumgehung zu rechnen, wie dies Vetsch a. a. O. tut, erscheint mir verkehrt.

[3]) Die gemeinsame Formel für alle Fälle der Gesetzesumgehung mit der Folge der Drittbenachteiligung lautet: Wenn die Voraussetzung a gegeben ist, so hat N. das Recht, von X. die Folge b zu verlangen; durch absichtliche Vermeidung der Voraussetzung a durch X. entfällt dieses Recht des N. — Andere Fälle der Gesetzesumgehung lassen sich nicht auf diese Formel bringen.

Eine letzte, bisher wenig beachtete, für die dogmatische Klärung des Begriffs Steuerumgehung aber um so wichtigere Differenzierung gegenüber der Gesetzesumgehung ergibt sich endlich daraus, daß der geschädigte Dritte nicht eine beliebige Privatperson, sondern der Staat ist, d. h. dasjenige Rechtssubjekt, welches einmal selbst in der Lage ist, seine Ansprüche durch eigenen Willen rechtsverbindlich zu normieren, und dessen Beziehungen zu den Rechtsunterstellten sodann grunsdätzlich anders geartet sind als die rechtlichen Verbindungen von Privatrechtssubjekten untereinander. Das erstere Moment bedingt eine veränderte Einstellung zum Problem des Umgehungsschutzes. Jede Gesetzesumgehung hat eine irgendwie unvollkommene Gesetzesformulierung, eine Diskrepanz zwischen Gesetzeszweck und Gesetzeswortlaut zur Voraussetzung. Der zur Gesetzesanwendung berufene Richter wird geneigt sein, eine durch Umgehung des Gesetzes geschädigte Privatperson den Fehler des Gesetzgebers nicht entgelten zu lassen; wird doch der Einzelfall durch seinen Ausspruch endgültig erledigt; eine Gesetzesänderung kann, wenn sie überhaupt in Betracht gezogen wird, erst zukünftige gleichgelagerte Fälle retten. — Ich lasse die Berechtigung dieses Standpunktes dahingestellt; psychologisch drängt diese Gedankenfolge jedenfalls zu der sich in Theorie und Praxis immer stärker durchsetzenden Forderung nach richterlichem Schutz gegen den Gesetzesumgeher, ohne ein Eingreifen des Gesetzgebers abzuwarten. Anders dürfte der Fall bei dem durch die Unvollkommenheit seiner eigenen Gesetze geschädigten Staat liegen. Das zur Gesetzgebung berufene öffentliche Gemeinwesen ist stets in der Lage, die Fehler seiner Satzungen, durch die es selbst Schaden erleidet, durch Gesetzesänderung auszugleichen; es wird dem Richter in vielen Fällen wertvoller erscheinen, den Gesetzgeber auf Mängel des Gesetzes durch Abweisung des Steueranspruches hinzuweisen, als durch dessen Bejahung die Rechtsunsicherheit zu verstärken und den Fehler zu sanktionieren. Dies führt zur zweiten, soeben angedeuteten Besonderheit: Der Richter kann einen wirksamen Umgehungsschutz nur durch eine über den Wortlaut des Gesetzes irgendwie hinausgehende, erweiternde ,,Auslegung'' des umgangenen Rechtssatzes gewähren. Gerade aber auf dem Gebiet des öffentlichen Rechts im allgemeinen und besonders auf denjenigen Teilgebieten des öffentlichen Rechts, die dem Staate Eingriffe in die Privatrechtssphäre gestatten, bestehen Schranken für eine extensive Interpretation von Gesetzen, die sich aus dem konsequent durchgeführten Gedanken des „Rechtsstaats" mit Notwendigkeit ergeben. Die stärkste Ausprägung haben diese rechtsstaatlichen Ideen in der Lehre von der Auslegung der Strafrechtsnormen gefunden; die durch Ablehnung jeder Analogie und ausdehnenden Auslegung zur „magna charta des Verbrechers" erhobenen Strafrechtssätze schützen die Privatperson vor jedem nicht ganz einwandfrei gerechtfertigten Eingriff des Staates in Freiheit und Vermögen; die Lehre vom „Mangel am Tatbestand" stellt die letzte Spitze dieses Schutzwalls vor dem Staat dar. — Im Steuerrecht hat man den Auslegungsgesichtspunkten bisher nicht die gleiche Sorgfalt zugewandt. Aber die Ähnlichkeiten zum Strafrecht sind ohne weiteres einleuchtend. Auch die Steuerforderung stellt einen Eingriff des Staates in die Privatrechtssphäre dar; auch sie kann nur auf gesetzlicher Grundlage vollzogen werden; auch für das Gebiet des Steuerrechts besteht das stärkste Interesse der Untertanen an absoluter Rechtssicherheit; und endlich sogar ein Mehr des Steuerrechts gegenüber dem Strafrecht: Die Voraussetzungen, auf Grund deren der Steueranspruch entsteht, unterliegen keiner ethischen Mißbilligung, welches den Verwirklicher des strafrechtlichen Tatbestandes stets trifft. Sollte nicht der Steuerumgeher zum mindesten den gleichen Anspruch auf schonende Behandlung von seiten des Staates haben, den der auf Grund von Tatbestandsmängeln freigesprochene Verbrecher mit so großem Erfolg heute geltend machen kann? Oder hört etwa auch im öffentlichen Leben bei Geldsachen die ethische Gemütlichkeit auf, mit der unsere Wissenschaft und unsere Gerichte zuweilen dem moralisch Verwerflichen Schutz gegen den Strafanspruch des Staates gewähren? Ich breche den Gedankengang hier ab, der vorläufig nur dartun sollte, daß die Gesetzesumgehung zum Schaden des Staates nicht durchaus nach den gleichen Regeln beurteilt werden darf wie etwa die Schädigung von Privatpersonen durch in fraudem legis agere.

Ich glaube, damit auch den Begriff der Steuerumgehung genügend klargestellt und ihn gegenüber dem Begriff der Gesetzesumgehung ausreichend differenziert zu haben, so daß nunmehr die Mittel zur Bekämpfung eines derartigen Verhaltens untersucht werden können.

III.

Gesetzesumgehung und somit auch Steuerumgehung sind Begriffe der allgemeinen Rechtslehre. Zur Bekämpfung des durch sie charakterisierten Verhaltens hat die Wissenschaft vorzugsweise auch Rechtssätze allgemeiner Natur herangezogen. Ein wesentliches Ergebnis haben diese Bestrebungen bisher nicht gezeitigt. Gerade die fortschreitende Klarstellung des Umgehungsbegriffs hat zur Ablehnung seiner Subsumierung unter einzelne verwandte Rechtsfiguren geführt, die, formell dem allgemeinen Teil des Privatrechts angehörend, materiell eine über dieses Gebiet hinausgehende Bedeutung beanspruchen dürfen. Ihre Unanwendbarkeit auf die Steuerumgehung muß zunächst klargestellt werden, ehe deren Verhinderung durch steuerrechtliche Sondernormen untersucht wird. Dieses Verfahren wird zugleich zu einer noch genaueren Abgrenzung des hier zu untersuchenden Instituts von verwandten Rechtsgebilden führen.

1. Die sich an § 5 AO. anschließende Erörterung hat heute[1]) wohl einwandfrei ergeben, daß die Steuerumgehung weder unter den Begriff des Scheingeschäfts, noch unter den des verdeckten Rechtsgeschäfts fällt. Das Scheingeschäft scheidet von vornherein schon deshalb aus, weil seine Folge (wenigstens nach deutschem Recht)[2]) absolute Nichtigkeit ist; ein rechtliches Nichts ist aber noch weniger Tatbestandsverwirklichung als eine Vermeidung des gesetzlichen Tatbestandes. Das wegen Simulation absolut nichtige Geschäft kann niemals zur Steuerpflicht führen[3]). — Scheinbar

---

[1]) Hand in Hand damit ging die Abgrenzung der allgemeinen Gesetzesumgehung vom Scheingeschäft, eingeleitet durch Bähr, Urteile des Reichsgerichts mit Besprechungen (1883), S. 52 ff. Vgl. dazu jetzt Vetsch, S. 12 ff.

[2]) Über die abweichende Behandlung des Scheingeschäfts in anderen Rechtsordnungen vgl. Partsch, Die Lehre vom Scheingeschäft im römischen Recht. Savigny-Zeitschrift, Rom. Abt. Bd. 42, S. 229 ff.

[3]) Wohl aber kann das (stets gefährliche, jetzt nach § 5 AO. zur Erfolglosigkeit verdammte) Steuerumgehungsgeschäft durch Scheingeschäft seinerseits dissimuliert werden. Über die alsdann eintretende Strafbarkeit nach § 359 IV AO. vgl. unten S. 280. Über die ganze Frage s. Vetsch, S. 16 f.

näher ist die Verwandtschaft der Steuerumgehung mit dem dissimulierten Rechtsgeschäft; es erscheint als bequemer Ausweg, das Umgehungsgeschäft als nur zum Schein abgeschlossen anzusehen, hinter dem sich das Tatbestandsgeschäft, welches die Parteien in Wirklichkeit gewollt hätten, nur verberge. In unmittelbarer Anwendung des § 117 Abs. II B.G.B. könne dann die Besteuerung nach dem Gesetze vorgenommen werden. Es sei zugegeben, in vielen Fällen der Steuerentziehungsversuche kann man auf diesem Wege zu brauchbaren Ergebnissen kommen. Stets aber muß genau geprüft werden: welches Rechtsgeschäft haben die Parteien wirklich gewollt[1]? War ihr ernsthafter rechtsgeschäftlicher Wille auf den Abschluß des Umgehungsgeschäfts gerichtet, weil sie nur dadurch der Steuerpflicht entgehen konnten, so hat Dissimulation auszuscheiden, selbst wenn es das Bestreben der Umgeher gewesen ist, dem gesetzlichen Tatbestand im wirtschaftlichen Erfolg nach Möglichkeit nahe zu kommen. Verwirklichung eines bestimmten Rechtsgeschäfts ist eben etwas anderes als Erreichung eines besonderen wirtschaftlichen Zieles[2].

---

[1] Es kommt also auf die „subjektive Ernstlichkeit" des erklärten Willens an. Daran wird man für unsere heutige Rechtsordnung festzuhalten haben, wenn man Schein- und Umgehungsgeschäft richtig abgrenzen will. Beim Vorliegen „objektiver Gesichtspunkte" für die Nichtübereinstimmung von erklärtem und wirklichem Willen (vgl. Partsch a. a. O., S. 297) wird man selten die Rechtsfolgen des Scheingeschäfts zur Anwendung bringen können. Freilich haftet auch dem Willen zum Steuerumgehungsgeschäft objektiv eine gewisse Art der Nichternstlichkeit an. Man „will" diese Rechtsform nolens volens; man benutzt sie, nicht um den ihr entsprechenden Wirtschaftserfolg zu erreichen, sondern gerade im Gegenteil, weil man ohne sie den einer anderen Rechtsform koordinierten Erfolg steuerfrei nicht erreichen kann. Das ist auch eine Art von „Schein", aber ein anderer, als der des typischen Scheingeschäfts. Die Revision der Lehre vom Scheingeschäft, die Partsch S. 240 so dringend fordert, scheint mir in der im Steuerrecht durchgeführten scharfen Scheidung zwischen Umgehungs- und Scheingeschäft für dieses Gebiet schon vollendet zu sein. Wenigstens theoretisch; praktisch werden noch lange Unklarheiten über die Grenzen beider Rechtsfiguren bestehen bleiben.

[2] Die theoretisch klare Grenze zwischen Dissimulation und Steuerumgehung wird praktisch allerdings oft schwer zu ziehen sein. Die notwendige Erforschung der in Frage kommenden Willenserklärungen kann vielfach durch Entwicklung der möglichen Rechtsfolgen erfolgen. Aus diesem Grunde bin ich geneigt, bei Kaufpreiszerlegungen, welche den verkehrsüblichen Werten nicht entsprechen (Grundstück geringer, Inventar

Rabel hat das sog. ,,nachgeformte Rechtsgeschäft" vom Scheingeschäft abgespalten[1]). Die Verwandtschaft des Umgehungsgeschäfts mit diesen Gebilden ist größer als die mit dem Scheingeschäft. Auch hier wollen die Parteien die Rechtswirkungen des ,,Muttergeschäftes" ernsthaft; der wesentlichste Unterschied dürfte auf subjektivem Gebiete liegen. Das Geschäft zur Umgehung der steuerrechtlichen Nebenwirkung unter ,,Mißbrauch" von Rechtsformen wird unter absichtlicher Vermeidung einer an sich zur Verfügung stehenden, dem wirtschaftlichen Zweck entsprechenden Rechtsfigur vorgenommen; wer ein nachgeformtes Rechtsgeschäft verwirklicht, wird dies in den meisten Fällen deshalb tun, weil die Rechtsordnung für den spezifischen wirtschaftlichen Zweck, der erreicht werden soll, keine völlig entsprechende Rechtsform zur Verfügung stellt. Wäre eine solche vorhanden, so bedürfte es der Nachformung gar nicht.

2. Auch der Versuch, das Steuerumgehungsgeschäft unter die Kategorie der wegen Verstoßes gegen die guten Sitten nichtigen Rechtsgeschäfte zu bringen, versagt. Ich will ganz davon absehen, daß die in § 138 B.G.B. normierte Rechtsfolge der Nichtigkeit das Umgehungsgeschäft stets zur steuerlichen Unfruchtbarkeit verdammen würde; nicht die Nichtigkeit ist das Ziel der Steuerumgehungsbekämpfung, sondern gerade seine wirtschaftliche Aufrechterhaltung, unter Umdeutung in die tatbestandsmäßigen Rechtsformen. — Weiter aber: Nicht das Umgehungsgeschäft selbst verstößt gegen die guten Sitten, sondern höchstens die durch es bewirkte Nebenfolge der Steuerersparung. Der Hauptzweck des Umgehungsgeschäfts, die Erreichung eines bestimmten wirtschaftlichen Erfolges, einer Vermögensverschiebung unter den Par-

---

höher), Dissimulation anzunehmen. Die Parteien würden bei etwaiger Wandelung oder Minderung von den wirklichen, nicht von den angegebenen Werten ausgehen (so auch Nees, S. 36 f.). Der vom preuß. O.V.G. (Urteil vom 3. Nov. 1915; zitiert bei Nees a. a. O.) angewandte Gedankengang, bei Preiszerlegung handle es sich um Angaben von bloß tatsächlicher, nicht rechtsgeschäftlicher Bedeutung und erstere seien nur maßgebend, wenn sie richtig sind, erscheint abwegig.

[1]) Vgl. dessen Untersuchungen über ,,Nachgeformte Rechtsgeschäfte" in der Zeitschrift der Savigny-Stiftung, Rom. Abt. Bd. 27, S. 290 ff., Bd. 28, S. 311 ff.

teien, ist vom sittlich moralischen Standpunkt aus betrachtet einwandfrei. Das Operieren mit § 138 B.G.B. verkennt die Eigentümlichkeit der Steuernorm: sie bewirkt (oder soll bewirken) nur ein unvermeidliches Akzessorium zum Tatbestand des Privatrechts. Wer die Unsittlichkeit des Steuerumgehungsgeschäfts nach § 138 B.G.B. behauptet, muß konsequent schließlich zu dem Satz gelangen: Die Rechtsgeschäfte des Privatrechts sind dazu da, dem Staate Steuern zu verschaffen, während in Wirklichkeit das Verhältnis doch so ist, daß durch die mit wirtschaftlichen Hauptzielen unternommenen Rechtsgeschäfte auch Steueransprüche des Staates entstehen. Und schließlich ist es auch schwierig, das eigentlich unsittliche Moment bei der Steuerumgehung klar herauszuarbeiten. Sie unterscheidet sich von der moralisch verwerflichen Steuerhinterziehung dadurch, daß sie in voller Kenntnis der Finanzbehörden vor sich geht; vielfach ist sie nur ein Ausdruck des berechtigten Strebens des Verkehrslebens, von Geschäftsunkosten (als solche muß die Wirtschaft Steuern betrachten) möglichst wenig belastete Wege zu gehen; zuweilen kann die Steuerumgehung geradezu dazu führen, übermäßige Belastungen, die der Gesetzgeber selbst nicht bewußt in diesem Umfang gewollt hat, auf ein erträgliches Maß herabzumindern. Wollte man stets nur die wahrhaft sittenwidrige Steuerumgehung unterbinden, so würde man die meisten Umgehungsfälle hinnehmen müssen[1]).

Es ist daher zu begrüßen, daß man den in der Nationalversammlung aufgetauchten Gedanken fallen gelassen hat, die Steuerumgehung nur dann zu vereiteln, wenn sie sich gleichzeitig auch als „Verstoß gegen die guten Sitten" darstellt. Beides hat innerlich nur wenig gemeinsam; und gerade auf dem Gebiete der Steuermoral dürfte es, wenn man den in der Reichsgerichtsjudikatur üblichen Maßstab der Unsittlichkeit an die Umgehungsfälle anlegt, schwer zu entscheiden sein, wann im einzelnen ein Rechtsgeschäft vorliegt, das den Anschauungen aller billig und gerecht Denkenden widerspricht. Mit den in den Verhandlungen häufig wiederkehrenden Schlagworten von „Schicksalsgemeinschaft" und „Nachbargleichheit" ist bei der

---

[1]) Richtig das im preuß. Verw.Bl. Bd. 35, S. 277 angeführte Urteil des preuß. O.V.G. vom 11. Juli 1913. VII. C. 669. 12 (leider ohne Angabe des Tatbestands).

Entscheidung von wirklich schwierigen Grenzfällen, wo man vom Gesetz eine klare Dezision verlangt, im Grunde nichts anzufangen.

3. Aus dem gleichen Grunde versagt der auch sonst unerfreuliche Gedanke, dem Steuerumgehungsgeschäft die beabsichtigte Wirkung unter Berufung auf „Treu und Glauben" abzusprechen, der in der Literatur von beachtenswerter Seite[1]) aufgestellt ist. Wenn man mit derartigen Schlüssen wirklich Ernst machen wollte, so wäre es erforderlich, zunächst nachzuweisen[2]), daß der nach den §§ 157, 242 B.G.B. für ein ganz begrenztes Gebiet anwendbare Rechtssatz nur der Ausdruck eines allgemeinen Grundsatzes ist, der unser gesamtes Rechtsleben durchzieht; und weiter würde ein solcher Satz, selbst wenn er bestünde (was ich verneinen möchte), gleichfalls in den strittigen Fällen versagen oder doch wenigstens zur richterlichen Willkür führen. Man muß sich hüten, einen Rechtssatz mit einem ethischen Prinzip zu verwechseln; beides hat man im Kampfe um den § 5 AO. nicht immer scharf genug auseinandergehalten.

4. Daß die Steuerumgehung kein Verstoß gegen ein Verbotsgesetz ist, wurde schon oben dargelegt[3]). Daher ist auch der § 134 B.G.B. zu ihrer Bekämpfung unbrauchbar.

5. Nicht uninteressant ist ein Vergleich der Konversion (§ 140 B.G.B.) mit der Steuerumgehung. Beiden Rechtsfiguren liegt der gleiche Gedanke der Umdeutung eines irgendwie fehlerhaften Tatbestandes in einen fehlerfreien zugrunde. Während aber bei der Konversion nur derjenige wirtschaftliche Erfolg zugelassen wird, der sich durch die makelfreien Rechtselemente des Geschäftes aufrechterhalten läßt, während die mangelhaften Elemente keine Wirkung zu äußern vermögen, geht die Umwandlung des Umgehungstatbestandes in der Weise vor sich, daß die tatsächlich verwirklichten Rechtselemente in die nichtverwirklichten Merkmale des gesetzlichen Steuertatbestandes transformiert werden, wobei der wirtschaftliche Erfolg gänzlich unangetastet bleibt. Bei dieser inneren

---

[1]) Becker im Bankarchiv Bd. XIX, S. 17 ff.; Dorn, Blätter für Gesetzeskunde Bd. I, Heft 2, S. 6.

[2]) Eine bloße Behauptung, wie sie Hachenburg in D.St.Ztg. 1920, S. 30 aufstellt, genügt nicht.

[3]) S. oben S. 227 ff.

Verschiedenheit ist auch die Konversion ungeeignet, ein brauchbares Mittel zur Bekämpfung der Steuerumgehung abzugeben.

IV.

Die verwandten Sätze des positiven Rechts versagen somit[1]). Bei dieser Sachlage haben Wissenschaft und Praxis zur Aufrechterhaltung ihrer Forderung nach energischem Umgehungsschutz den Satz aufgestellt, eines ausdrücklichen Verbotes der Gesetzesumgehung bedürfe es gar nicht; eine den Zweck des Gesetzes berücksichtigende Auslegung der umgangenen Rechtsnormen genüge in den meisten Fällen, jeden Versuch der Gesetzesumgehung zu verhindern. Reiche diese nicht aus, so müsse man durch Analogieschlüsse zu helfen suchen. Stellt man sich bewußt auf freirechtlichen Standpunkt, so wird man dem zustimmen können; die Verfechter dieser Ansicht betonen aber immer wieder, eine solche Auslegung zur Umgehungsverhinderung habe mit irgendwelcher Freirechtlerei nichts zu tun; auch der Richter strengerer Observanz sei gehalten, derartige Auslegungsgrundsätze zur Anwendung zu bringen[2]). Ich halte es nicht für erforderlich, im Hinblick auf mein begrenztes Untersuchungsobjekt meinen starken Bedenken gegen derartige Ausführungen hier vollen Ausdruck zu verleihen; mich interessiert hier nur die Frage: Genügt zur Verhinderung der Steuerumgehung ausdehnende Interpretation der Steuergesetze, und sind über diese hinaus Analogieschlüsse im Steuerrecht zulässig? Beide Fragen verneine ich entschieden, obwohl ich mich damit in Gegensatz zur herrschenden Meinung setze.

Ausdehnende Auslegung und Analogieschluß unterscheiden sich folgendermaßen: Bei Anwendung der ersteren Methode wird be-

---

[1]) Auch die Einfügung einer ausdrücklichen Bestimmung zur Verhinderung der Umgehung von Verbotsgesetzen in den allgemeinen Teil des B.G.B., welche bei den Beratungen gelegentlich erwogen worden ist (vgl. Prot. Bd. 1, S. 123), wäre hinsichtlich der Steuerumgehung ohne Bedeutung gewesen, weil die Steuernormen bedingte Gebotsgesetze sind.

[2]) Vgl. statt vieler Vetsch, S. 280 ff. S. 285 erfolgt die übliche Kampfansage an die „freie Rechtsfindung". In engem Anschluß an diese Anschauungen vertritt auch Nees, S. 48 f., die These, eines gesetzlichen Schutzes gegen Steuerumgehungen bedürfe es nicht, richtige Auslegung genüge in allen Fällen. Über die ähnliche Anschauung Beckers s. ausführlich unten.

hauptet, ein bestimmter Tatbestand falle noch unter das Gesetz, weil dessen Merkmale zu einer zweckentsprechenden Anwendung der Norm nur in dieser Weise verstanden werden dürften; erweiternde Auslegung ist also die Entscheidung einer Zweifelsfrage über die Bedeutung eines bestimmten Merkmals in der Richtung, daß der weitere Kreis von Bedeutungen, die dieser Begriff umfassen kann, als maßgebend für seine Anwendung auf bestimmte tatsächliche Verhältnisse erklärt wird. Über die mit dem Wortlaut einer Norm gerade noch zu vereinbarenden Bedeutungen kann keine extensive Interpretation hinausgehen. Anders beim Analogieschluß: Hier bedarf es zunächst der Feststellung, daß ein Tatbestand a nicht mehr unter den Wortlaut einer (selbst weit ausgedehnten) Norm b gebracht werden kann; hieran hat sich die Deduktion zu schließen, der Zweck des Gesetzes erfordere, den Tatbestand a so zu behandeln, als ob er unter die Norm b fiele; das Gesetz hätte also, wenn es den ihm zugrunde liegenden legislatorischen Motiven entsprechend von Anfang an formuliert worden wäre, auch das jetzt nicht unter es fallende Lebensverhältnis mit umfassen müssen; endlich ist noch der Nachweis erforderlich, daß die Anwendung des so gefundenen neuen Rechtssatzes zulässig sei, weil ein anderer, diesen Tatbestand treffender Rechtssatz nicht vorhanden sei und die Einheitlichkeit der Rechtsordnung es erfordere, das in Frage stehende Lebensverhältnis so und nicht anders zu regeln. — Auf diese Weise läßt sich eine scharfe Grenze zwischen extensiver Interpretation und Analogie ziehen. Erstere erhebt den Anspruch, der Tatbestand b läßt sich unter die (richtig verstandene!) Norm a subsumieren; letztere gibt unumwunden zu: b ist nicht gleich a, behauptet aber weiter: die Rechtsordnung verlangt einen (bisher nicht ausdrücklich ausgesprochenen) Rechtssatz, der besagt: b müsse so behandelt werden, als ob a anwendbar wäre.

Stellt nun der Tatbestand b den Versuch einer Umgehung der Norm a dar, so vereitelt die ausdehnende Auslegung den Versuch; es wird dargetan: Die vorliegende Handlung ist gar nicht imstande, das in Frage stehende Gesetz zu umgehen, denn dieses ergreift, richtig ausgelegt, auch noch den verwirklichten Tatbestand. Der Analogieschluß muß zunächst anerkennen, der Versuch, den

Rechtssatz a zu umgehen, sei erfolgreich, eine Umgehung habe tatsächlich stattgefunden; durch einen von der Norm a verschiedenen, wenn auch mit ihr verwandten Rechtssatz a¹ sei es aber möglich, der vollendeten Umgehung den Erfolg zu versagen. Wenn wir das schon im Ausdruck „Umgehung" liegende Bild weiter ausführen, so unterschätzt der Umgeher, dessen Versuch durch erweiternde Auslegung abgeschlagen wird, die Wachsamkeit des Feindes; der zu umgehende Feind hat seine Posten und Wachen viel weiter im Gelände verteilt, als der Umgeher vermutete, und die unerwartet auftauchenden feindlichen Truppen sind imstande, den Angriff abzuschlagen. Bei der Analogie befindet sich der Umgeher bereits im Rücken des Feindes, der schon überwunden zu sein scheint; es gelingt ihm aber noch, Hilfskräfte heranzurufen, die ihrerseits den Umgeher aus dem Einbruchsgebiet herauswerfen können.

Aus vorstehender, bisher bei der Gesetzesumgehung selten mit genügender Schärfe durchgeführter Scheidung zwischen Analogie und Auslegung ergibt sich folgendes: Streng genommen darf von Gesetzesumgehung dann nicht mehr gesprochen werden, wenn die Norm, deren Umgehung versucht wurde, selbst noch auf den Umgehungstatbestand zur Anwendung gebracht werden kann. Die Bekämpfung der echten, geglückten Gesetzesumgehung ist also niemals ein Auslegungsproblem. Richtige Auslegung führt lediglich zur Vereitelung eines Umgehungsversuchs, dem der Erfolg entgegen der Voraussicht des Täters endgültig versagt bleibt. — Freilich darf man sich nicht dazu verführen lassen, die Bedeutung eines Rechtssatzes übermäßig weit auszudehnen, in dem an sich vielleicht zu rechtfertigenden Bestreben, Umgehungsversuche nach Möglichkeit zu vereiteln; eine solche „ad hoc"-Interpretation kann selbst dann nicht gebilligt werden, wenn ohne sie dem einzelnen Umgehungsfall voller Erfolg beschieden sein sollte. Der Richter muß sich bei jeder Auslegung eines Rechtssatzes stets die Frage vorlegen: Wird sich diese Bedeutung, welche ich einem Tatbestandsmerkmal hier für den Einzelfall verleihe, auch in jedem anderen möglichen Falle rechtfertigen lassen, bleibt die Norm auch bei dieser Auslegung in sich widerspruchslos, und verstößt sie nicht gegen andere Sätze des gesamten Rechtssystems? — Dagegen wird oft verstoßen, namentlich von denjenigen Theoretikern, die, koste es, was es wolle, einen energischen Umgehungsschutz fordern, während die Praxis in derartigen zweifelhaften Fällen einen klareren Blick für die Gesamtrechtsordnung zu haben scheint.

Nun ist allerdings die Auslegungsfrage im neuen Reichssteuerrecht nicht einfach, und zwar deshalb, weil die AO. in ihrem § 4 selbst eine Norm über die Auslegung von Steuergesetzen aufgenommen hat, deren Tragweite zu zahlreichen Mißdeutungen Anlaß geben kann: *„Bei der Auslegung der Steuergesetze sind ihr Zweck, ihre wirtschaftliche Bedeutung und die Entwicklung der Verhältnisse zu berücksichtigen."* Wie ist diese Auslegungsvorschrift selbst auszulegen, wie ist insbesondere die Verweisung auf den Zweck des Steuergesetzes zu verstehen? — Der Reichsfinanzhof, für dessen Rechtsprechung der zitierte § 4 AO. vor allem Bedeutung hat, scheint ihm unter Vorgang von Senatspräsident Becker eine verhältnismäßig große Tragweite zuerkennen zu wollen; die Ausführungen Beckers zu § 4 in seinem Kommentar zur AO.[1], welche die bisher zutage getretenen Auslegungsgrundsätze des R.F.H. zusammenstellen, erscheinen mir in manchen Punkten bedenklich[2]. Zwar betont Becker gleich in Anm. 2 (in Übereinstimmung einer von ihm in den Verhandlungen abgegebenen Regierungserklärung): § 4 schaffe keineswegs völlig neues Recht; es sei nicht die Rede davon, daß hier etwa die Gedanken der Freirechtsschule, insoweit sie den Richter über das Gesetz stellen, verwirklicht werden sollen. Nur zu voller Entwicklung der im Steuerrecht enthaltenen Rechtsgedanken, unter Berücksichtigung der Zwecke des Gesetzes, solle die Vorschrift anregen; und dieser Zweck sei keineswegs ausschließlich, dem Reiche möglichst viel Geld zu verschaffen. Ausdrücklich hebt Becker dann noch den vom R.F.H. (Bd. VI, S. 299) ausgesprochenen Grundsatz hervor: es sei unzulässig, die Steuer auf einen der Steuer nicht unterworfenen Tatbestand deshalb zu erstrecken, weil diese Einbeziehung nach An-

---

[1] 2. Aufl. 1922.
[2] Teilweise bedenklicher als die Entscheidungen selbst, denen sie entnommen sind. Gerade in Auslegungsfragen ist es nicht immer angängig, Einzelsätze aus der Begründung eines vielleicht sachlich richtigen Urteils zu „Auslegungsgrundsätzen" zu erheben.

sicht des Richters zweckmäßig oder folgerichtig wäre. — Schief und gefährlich werden aber m. E. seine Darlegungen bei der Gegenüberstellung von bürgerlich-rechtlichen und steuerrechtlichen Begriffen; Becker geht hier davon[1]) aus, daß das Steuerrecht in der Regel auf wirtschaftlichen Begriffen fuße; diese seien weniger fest umrissen als die entsprechenden Rechtsbegriffe des Privatrechts, an die das Steuerrecht anknüpfen müsse, um den Steuertatbestand überhaupt formulieren zu können. Das sei ein Notbehelf, der zu widersinnigen Ergebnissen führen müsse, wenn der Finanzrichter an der privatrechtlichen Auffassung auch da festhalte, wo Zweck und wirtschaftliche Bedeutung der Steuergesetze das Gegenteil erfordern. Man müsse vielmehr beachten, daß oftmals die Begriffe des bürgerlichen Rechts lediglich „zur Umschreibung noch nicht eingebürgerter steuerrechtlicher Wirtschaftsbegriffe" verwendet seien.

Ich vermag die Berechtigung dieser Gegenüberstellung von bürgerlich-rechtlichen Rechtsbegriffen und steuerrechtlichen Wirtschaftsbegriffen nicht einzusehen[2].) Sämtliche Rechtsgebiete (nicht bloß das Steuerrecht) sind in der Zwangslage, ihre Terminologie dem Wirtschaftssprachschatz entnehmen zu müssen, oder besser gesagt, ihre Begriffe zunächst im Anschluß an Begriffe des täglichen Wirtschaftslebens bilden zu müssen. Die Zweiung zwischen Rechts- und Wirtschaftsbegriff ist nichts dem bürgerlichen Recht Eigentümliches, was im Steuerrecht undenkbar wäre; sie ist dort vielleicht schon weiter fortgeschritten als in dem erst seit verhältnismäßig kurzer Zeit selbständigen Gebiet des Steuerrechts. Aber ursprünglich stimmten auch die Begriffe des Eigentümers in § 903, des Besitzers in § 854, des Erben in § 1922 B.G.B. usw. mit den entsprechenden wirtschaftlichen Begriffen vollständig überein, und erst die fortschreitende Abschleifung der Rechtsfiguren in Wissenschaft und Praxis auf der einen, in Sprach- und Geschäftsgebrauch auf der anderen Seite hat eine gewisse Differenzierung herbeigeführt. Dasselbe kann und wird sich aber mit den bis jetzt noch wenig abgenützten Begriffen des Steuerrechts gleichfalls vollziehen; dadurch, daß sie in die Rechtsordnung eingereiht

---

[1]) A. a. O. Anm. 4. [2]) Im wesentlichen mit der hier vertretenen Ansicht übereinstimmend Roth. N. St. Rundschau I, S. 101 ff.

sind, sind sie zu Rechtsbegriffen geworden, genau wie die Begriffe des Privatrechts auch. Von „steuerrechtlichen Wirtschaftsbegriffen" zu reden, erscheint mir fast als eine contradictio in adjecto; sie in Gegensatz zu den Rechtsbegriffen des Privatrechts zu stellen und hieraus Folgerungen herzuleiten, dürfte m. E. kaum angängig sein. — Im Gegenteil, die Identität der steuerrechtlichen Tatbestandsmerkmale mit den entsprechenden des Privatrechts muß stark in den Vordergrund gerückt werden, wenn die Eigenart des Steuerrechts, als eines dem Privatrecht gewissermaßen aufgepfropften Sondergebiets, richtig erkannt werden soll. Die Steuerpflicht ist, wie schon mehrfach betont, meist nur eine Nebenfolge bestimmter rechtlicher Tatbestände, die verwirklicht werden, um entsprechende wirtschaftliche Ziele zu erreichen. Aber an das Rechtsmoment, nicht an das Wirtschaftsmoment, knüpft die Rechtsordnung an, kann sie überhaupt nur anknüpfen; denn das Wirtschaftsmoment, das sie berührt, muß sich begrifflich zum Tatbestandsmerkmal verwandeln. Im Gegensatz zu Becker nehme ich daher, wenn ein Steuergesetz einen bereits im Privatrecht verwandten Begriff aufnimmt, so lange Identität beider Begriffe an, bis sich aus dem Steuergesetz zweifellos ergibt, daß zu einer widerspruchslosen Auslegung eine Verschiedenheit der gleichbezeichneten Begriffe unabweisbare Notwendigkeit ist[1]). Derartiges kann natürlich der Fall sein, sei es, daß das Gesetz selbst auf solche Diskrepanzen hinweist, sei es, daß innere Zusammenhänge einwandfrei darauf schließen lassen. Allein aus dem Zweck des Gesetzes kann man jedoch kaum zu solchen weitgehenden Schlüssen gelangen.

Aus diesen Erwägungen stimme ich dem vom I. Senat des Reichsfinanzhofs (R.F.H. Bd. V, S. 305) entwickelten Satz zu: „Eine Auslegung[2]), unter Heranziehung anderweitiger Hilfsmittel, und demgemäß eine Anwendung des § 4 AO. kann grundsätzlich dann überhaupt nicht in Frage kommen, wenn die betreffende gesetzliche Bestimmung in sich selbst lückenlos und zweifelsfrei ist[3])." — Dieser Grundsatz muß m. E. stets dann be-

---

[1]) Ähnlich R.F.H. I, 205. [2]) Sperrung im Urdruck!
[3]) Becker hält gerade dieses Urteil unter Berufung auf einen Aufsatz von Fuchs, Fortschritte und Hemmungen der freirechtlichen (soziologischen) Bewegung, Jur. Woch. 1922, S. 8., für einen Fehlspruch!

achtet werden (und dies führt uns wieder zum Problem der Steuerumgehung zurück), wenn es sich darum handelt, einer gesetzlichen Bestimmung eine über den Wortlaut hinausgehende Bedeutung beizulegen. Hier kann man der Begründung des Reichsgerichtsurteils Bd. 96, S. 326, die sich der Reichsfinanzhof (II. Senat) Bd. IV, S. 45 zu eigen macht, zustimmen, namentlich in der Hinsicht, daß der buchstäbliche Sinn des Ausdrucks einer aus ihrem Zusammenhang losgelösten Vorschrift nicht allein maßgebend sei, sofern die wörtliche Interpretation zu Ergebnissen führe, ,,die nicht nur der Absicht des Gesetzgebers und dem Zwecke des Gesetzes zuwider liefen, sondern auch objektiv mit dem wahren, aus dem Gesetz selbst (!) sich ergebenden Sinn der Vorschrift nicht vereinbar seien". Das letztere ist entscheidend und verleiht dem § 4 AO. seinen vernünftigen Sinn. Erst wenn das Gesetz selbst widerspruchsvoll ist, kann Auslegung in Frage kommen, und dann wird allerdings dem Zweck des Gesetzes vor dem Wortlaut unter Umständen ein gewisses Übergewicht zuerkannt werden dürfen; bei einem Widerspruch zwischen dem Zweck und dem (in sich widerspruchslosen) Wortlaut dagegen hat letzterer unbedingt vorzugehen, selbst wenn das Ergebnis der Billigkeit nicht entspricht. Was darüber hinausgeht, ist Gesetzesänderung, nicht Gesetzesauslegung; Gesetzesänderung von Eingriffsnormen kann nur durch den Gesetzgeber, nicht durch die Verwaltung oder den Richter erfolgen. Andernfalls geben wir die Grundsätze des Rechtsstaats auf, mit deren Abbau freilich jetzt schon gerade im Steuerrecht an manchen wichtigen Punkten begonnen zu sein scheint.

Es bedarf hier keiner Ausführung, welche Entscheidungen des Reichsfinanzhofs von dem hier entwickelten Standpunkt zur Auslegungsfrage aus im einzelnen bedenklich erscheinen[1]). Weiter

---

[1]) Becker (a. a. O. Anm. 6) glaubt sogar, der ,,§ 4 müßte dazu führen, steuerrechtlich keinen Gewinn und keinen Vermögenszuwachs anzunehmen, wo wegen der Entwertung der Mark nur der Schein eines solchen vorliege"; und er bezeichnet u. a. den § 5 II des Verm.Zuw.St.Ges., der diesen (an sich sehr begrüßenswerten) Gedanken endlich für ein Teilgebiet des Steuerrechts verwirklicht, nur als einen Anwendungsfall des § 4 AO. Eine derartige Argumentation geht m. E. selbst über die Leitsätze der Freirechtsschule hinaus, die nach Becker in § 4 AO. gar nicht enthalten sein sollen. Dagegen, wohl mit Recht, Fuchs a. a. O. Im Wertzuwachssteuergesetz

muß zugegeben werden, daß der höchste Steuergerichtshof sich den vielfach überhastet und ohne die erforderliche Genauigkeit gearbeiteten Finanzgesetzen gegenüber in einer Zwangslage befindet[1]). Soll er hier das mangelhafte Werk des Gesetzgebers durch „berichtigende" Auslegung über den dem Gesetzeszweck nicht entsprechenden, in sich aber eindeutigen Wortlaut hinaus verbessern, oder soll er die vollen Konsequenzen der Gesetzesmängel zum Schaden des Einzelfalles ziehen, um vielleicht den Gesetzgeber um so schneller zu einer verbessernden Neufassung der strittigen Bestimmung anzuregen? Die bisherige Judikatur des Reichsfinanzhofs scheint mir den ersteren Weg einschlagen zu wollen; das hat vielleicht den Vorteil, daß das einzelne Urteil dem „Rechtsgefühl" der Allgemeinheit zuweilen näher kommt. Ob sich die Nachteile dieses Verfahrens für den Gedanken des Rechtsstaats später in so hohem Maße zeigen werden, wie man augenblicklich befürchten möchte, kann erst die weitere Entwicklung lehren. Ausdrücklich muß auch anerkannt werden, daß die freie Stellung, die der Gerichtshof zuweilen zum Auslegungsproblem einnimmt, ihn niemals zum einseitigen Fiskalismus verführt hat.

Vom Standpunkt des Reichsfinanzhofs aus, soweit ihn Becker in seinem Kommentar erschöpfend wiedergibt, ist es durchaus verständlich, wenn der Gerichtshof den Schutz gegen Steuerumgehungsversuche durch extensive Interpretation unter Berücksichtigung des Gesetzeszweckes zunächst ziemlich weit ausdehnt, und wenn er schließlich das ganze Umgehungsproblem geradezu zu einer Auslegungsfrage stempelt. Becker erklärt die Generalklausel des § 5 AO. zur Verhinderung der Steuerumgehung ausdrücklich nur für „eine Anwendung des § 4[2])". Hier führt die Unschärfe seiner ganzen Ausführungen zum dogmatischen Fehler: Die echte Steuerumgehung fängt genau dort an, wo die Auslegungskunst zu versagen beginnt. Die Lücke des Gesetzes, die Nichtübereinstimmung zwischen Gesetzeszweck und (in sich widerspruchs-

---

ist eine solche, mit dem Gesetz nicht in Einklang stehende „Auslegung" mit Recht von der preuß. Rechtsprechung abgelehnt worden. Vgl. zuletzt etwa preuß. O.V.G. Bd. 77, S. 32 ff.

[1]) Dies betont mit vollem Recht das Urteil des II. Senats Bd. IV. S. 63.
[2]) A. a. O. Anm. 5.

losem) Wortlaut, die sich der Umgeher zunutze macht, kann gar nicht durch Auslegung des nun einmal nicht zutreffenden Rechtssatzes überbrückt werden. Verwischt man das, so verzichtet man von vornherein auf richtige Erkenntnis und Einreihung der Rechtsfigur der Steuerumgehung; und das muß sich gerade auf diesem Gebiet, wo mit den schärfsten Waffen gefochten wird, an irgendeiner Stelle rächen. — Es ist also Auslegungsfrage, wo man die Grenze zwischen Umgehungsversuch und echter Umgehung ziehen will; daß diese Grenze gefährlich weit in das unbestrittene Umgehungsgebiet verschoben zu werden droht, wurde soeben ausgeführt. Der geglückten Umgehung gegenüber versagt die Auslegung im eigentlichen Sinne. Hier muß zurückgegriffen werden auf das zweite Mittel, unvollkommenen Gesetzen gegenüber Abhilfe zu schaffen, den Analogieschluß[1]).

Gerade der Analogieschluß, und nur dieser allein, erweist sich somit als das geeignete Mittel, die Gesetzesumgehung wirksam zu bekämpfen: denn der Umgeher benutzt die im Gesetzessystem vorhandene Lücke, an dem vorhandenen Rechtssatz vorbei zu kommen; der Analogieschluß schließt diese Lücke, er errichtet die zur Vervollkommnung des Systems notwendige Schranke an der vom Gesetzgeber bisher unbewacht gelassenen Stelle. Die einzig notwendige Frage, welche sich der Richter bei jeder echten Gesetzesumgehung vorzulegen hat, lautet also: Ist auf dem Gebiet, auf welchem ich mich bewege, und an der Stelle, die ich zu verteidigen habe, ein Analogieschluß zulässig, der ausreicht, den vom Umgeher beabsichtigten Erfolg auszuschließen? Diese Frage ist bisher für das Gesamtproblem der Bekämpfung des in fraudem legis agere weder mit der erforderlichen Schärfe gestellt noch be-

---

[1]) Dies erkennt mit ziemlicher Schärfe das Urteil des II. Senats Bd. IV, S. 48 ff. Hier handelt es sich zwar nicht um einen Umgehungsfall, wohl aber um die Ausfüllung einer Lücke im Gesetz, der Voraussetzung, die bei jedem echten Umgehungsfall zutrifft. Zutreffend wird hier (S. 52) ausgeführt: „Die A.O. gibt für die Ergänzung von Lücken keine Regel, aber in § 4 doch einen gewissen Anhalt." Eine unmittelbare Anwendung des § 4 bei der Ausfüllung von Lücken wird also abgelehnt. Die weiteren Grundsätze, die der Senat für die Ausfüllung von Gesetzeslücken aufstellt, interessieren hier weniger. Charakteristisch ist allerdings, daß des wichtigen rechtsstaatlichen Gedankens, eine Steuerpflicht entsteht nur durch ausdrückliche Rechtsnorm, mit keinem Worte gedacht ist. Darüber gleich im Text.

antwortet. Für das hier allein zu behandelnde Teilproblem der Steuerumgehung soll ihre Lösung versucht werden; die Antwort muß m. E. verneinend ausfallen. Grundsätzlich ist der Analogieschluß auf dem Gebiet des Steuerrechts unzulässig, soweit er bewirken soll, wirtschaftliche Tatbestände der Steuerpflicht zu unterwerfen, auf die der richtig ausgelegte gesetzliche Tatbestand nicht mehr zutrifft. — Die Gründe, welche diese etwas schroffe Stellungnahme gerechtfertigt erscheinen lassen, sind oben bereits kurz angedeutet[1]): Die Sätze des Steuerrechts verleihen dem Staate das Recht zu Eingriffen in die Vermögenssphäre der Rechtsunterstellten. Die Entwicklung des Rechtsstaatsgedankens hat aber zu dem Grundsatz geführt, daß solche Eingriffe nur auf gesetzlicher Grundlage zulässig sein sollen. Der durch Analogie gefundene Rechtssatz kann an Hand von Sätzen des positiven Gesetzes entwickelt werden; er selbst ist aber im Gesetz nicht enthalten; somit entfällt seine Anwendbarkeit, soweit Aufnahme von Rechtssätzen in den Gesetzeskodex Voraussetzung für ihren praktischen Gebrauch ist. Der nur durch Analogieschluß herzuleitende Rechtssatz ist auf dem Gebiete des Steuerrechts ebensowenig als Rechtsnorm anzusehen, wie etwa auf dem Gebiete des Strafrechts. Dies ist auch heute mehr als je berechtigt; denn gerade jetzt verlangt die ständig wachsende Kompliziertheit der Rechtsnormen, welche die Beziehungen der Untertanen zur Staatsgewalt regeln, in verstärktem Maße die Erfüllung einer wichtigen Grundforderung des Rechtsstaates, der Eindeutigkeit dieses Normenkomplexes. Wenn der Staat auf der einen Seite imstande ist, diese Beziehungen im Wege des gesetzten Rechtes beliebig zu regeln, so muß er auf der anderen Seite diejenigen Gebietsteile, welche er noch nicht in Anspruch genommen hat, unbedingt und selbst zu seinem Nachteil als Freiheitssphäre der ihm Rechtsunterstellten anerkennen. — Mit diesen Sätzen ist in keiner Weise ein Urteil über die Tendenz des modernen Staates gefällt, sein Betätigungsfeld immer weiter auszudehnen; es wird nur gerade für das Steuerrecht mit allem Nachdruck verlangt, daß diese Ausdehnung auf legalem Wege (im eigentlichen Sinne des Wortes) zu geschehen habe. — Die Reichsabgabenordnung scheint

---

[1]) S. oben S. 230 f.

mir in vieler Beziehung diese Forderung zu verwirklichen. Sie hat manchen früher entwickelten und m. E. unzulässig angewandten Rechtssatz zur positiven Gesetzesnorm erhoben[1]). Speziell die Unzulässigkeit des Analogieschlusses ergibt sich m. E. ohne Zwang aus dem wichtigen Satz des § 81 I, S. 1: „Die Steuerschuld entsteht, sobald der Tatbestand verwirklicht ist, an den das Gesetz die Steuer knüpft." Hieraus kann durch argumentum e contrario der Satz abgeleitet werden: Soweit der gesetzliche Tatbestand nicht verwirklicht ist, entsteht auch keine Steuerschuld. Nun ist allerdings unter „Gesetz" im Sinne der Abgabenordnung jede Rechtsnorm zu verstehen (§ 2); es wurde aber soeben schon ausgeführt, daß der durch echten Analogieschluß gefundene Rechtssatz auf denjenigen Rechtsgebieten nicht als geltende Rechtsnorm zu werten ist, die Eingriffsrechte des Staates in die Freiheitssphäre der Untertanen regeln. Als Ergebnis der bisherigen Ausführungen kann also festgehalten werden: Die echte (nicht durch Auslegung zu beseitigende) Steuerumgehung kann nicht durch analoge Rechtsanwendung, sondern nur auf Grund besonderer ausdrücklicher Rechtsnormen wirksam bekämpft werden.

V.

Dieser Satz verlangt nun freilich nicht Gesetzesnormen; auch das Gewohnheitsrecht könnte den erforderlichen Rechtssatz zur Verhinderung der Steuerumgehung abgeben. Ehe man also behauptet: eine besondere Umgehungsklausel mußte in das Gesetz aufgenommen werden, ist zunächst noch zu untersuchen, ob nicht ein gewohnheitsrechtlicher Satz aus der bisherigen Entwicklung zu folgern sei, etwa des Inhalts: Das zur Umgehung der Steuerpflicht vorgenommene Rechtsgeschäft wird steuerrechtlich so behandelt, als ob der gesetzliche Steuertatbestand verwirklicht wäre. Diese Fragestellung führt uns zu der interessanten Untersuchung der bisherigen Stellungnahme unserer Rechtsprechung zum Problem der Steuerumgehung[2]). Ist ein einheitlicher Ge-

---

[1]) Dies gilt z. B. von der Gleichsetzung des Eigenbesitzes mit steuerrechtlichem Eigentum (§ 80 I, S. 1 AO.).

[2]) Auch hier soll nur die Steuerumgehung behandelt werden. Daß die richterliche Praxis nicht allgemein einen Rechtssatz entwickelt hat: der

richtsgebrauch nicht nachzuweisen, so kann das Vorliegen eines gewohnheitsrechtlichen Satzes nicht behauptet werden[2]).

Die (angeblich) grundlegende Entscheidung des Reichsgerichts, die von den Vertretern der Ansicht, zur Bekämpfung der Steuerumgehung bedürfe es keiner gesetzlichen Bestimmung, immer wieder ins Feld geführt wird, findet sich im 84. Band S. 17ff. Folgender Haupttatbestand liegt ihr zugrunde: Der Fürst zu H. wollte seinen Privatbesitz an bergbaulichen Werten in die Form einer Aktiengesellschaft umwandeln, deren sämtliche Aktien ihm zur ausschließlichen Verfügung stehen sollten; wegen der sich ergebenden zivilrechtlichen und strafrechtlichen Verantwortlichkeit scheute sich der Fürst, selbst als „Gründer" aufzutreten; er ließ deshalb die Aktiengesellschaft durch Bargründung von fünf anderen Personen errichten und übertrug dann durch notariellen Kaufvertrag (wie vorher verabredet!) an die neugegründete Aktiengesellschaft eine Anzahl Berg- und Hüttenwerke, Grundstücke und Kuxe gegen eine Leistung von 44 Mill. Mark (= Übernahmepreis der gesamten Aktien im Nennwert von 40 Mill. Mark zum Übernahmekurs von 110%). Gleichzeitig erwarb der Fürst alle Aktien gegen die Verpflichtung, die sämtlichen Gründungskosten zu erstatten. Unmittelbar darauf überließ er seinerseits wieder zwei Fünftel seines Aktienbesitzes an den Hauptgründer zum Kurse von 130%. — Streitig war, welcher Wert bei der Verstempelung als „Ausgabewert" zugrunde zu legen sei; die gesetzliche Bestimmung, von welcher ausgegangen werden mußte, bildete die Tarif-Nr. 1 a des Reichsstempelgesetzes vom 14. Juni 1900 (RGBl. 289); hier ist ein Steuersatz von 2% des Nennwertes von inländischen Aktien vorgesehen, „zuzüglich des Betrages, zu welchem sie höher, als

---

Gesetzesumgehung ist der Erfolg zu versagen, ist bekannt. Ich verweise auf die Darstellungen bei Vetsch usw. Speziell in dem naheverwandten Fall der Gesetzesumgehung durch Abschluß sog. 1500-Mark-Verträge hat das Reichsgericht bisher Anstand genommen, das Umgehungsgeschäft zur Erfolglosigkeit zu verurteilen, obwohl hier nicht einmal die soeben entwickelten rechtsstaatlichen Gründe gegen den Analogieschluß sprechen. Vgl. R.G. 69, S. 59; 81, S. 41.

[2]) Die Bedenken Otto Mayers (Deutsches Verwaltungsrecht, Bd. I, S. 90ff.) gegen die Bildung gewohnheitsrechtlicher Sätze auf dem Gebiete des Verwaltungsrechts, zu dem auch das Steuerrecht gerechnet werden muß, sind hier noch nicht einmal berücksichtigt.

der Nennwert lautet, ausgegeben werden". Die Steuerschuldner behaupteten, nur der bei der formellen Gründung eingesetzte Kurs von 110% könne für die Stempelberechnung in Betracht kommen; der Fiskus vertrat den Standpunkt, der Ausgabekurs müsse unter Berücksichtigung der Sachleistung des Fürsten berechnet werden. Ihm stimmte das Reichsgericht zu. Es formuliert zunächst (S. 20) ganz richtig die wesentliche Frage: Welche Leistung ist hier als Gegenleistung des ersten Erwerbers der Aktien anzusehen? und entscheidet sie dahin, daß bei der Wertberechnung (trotz der an sich streng formalen Natur des Aktienstempels) "nicht der beurkundende, sondern der wirklich vorhandene und nach wirtschaftlichen Gesichtspunkten zu bestimmende Ausgabewert für die Steuerberechnung entscheidend sei" (S. 22). Dieser maßgebende Ausgabewert müsse ermittelt werden aus dem wirklichen Umsatz von Kapitalwerten, d. h. der wahren Gegenleistung des Fürsten (der als Ersterwerber anzusehen sei), nicht dem nur scheinbar umgesetzten Gründungskapital von 44 Mill. Mark. Hieraus gelangt das Gericht zu dem Schluß, daß als Wert der Gegenleistung (= Ausgabewert bei der Verstempelung) "der Wert des eingelegten bergbaulichen Besitzes anzusehen sei".

Soweit ich in vorstehendem den wesentlichen Inhalt der Begründung wiedergegeben habe, befriedigt sie vollkommen. Es handelt sich um die Frage: Was ist unter dem gesetzlichen Tatbestandsmerkmal "Ausgabewert" zu verstehen? Diese Frage wird durch eine den "aus dem Steuergesetz ersichtlichen oder sonst unzweifelhaft feststehenden Zweck des Gesetzes" berücksichtigende Auslegung dahin entschieden, daß maßgebend sei nicht der nur scheinbar angenommene (und in die Gründungsurkunde eingesetzte) Übernahmewert, welchen die nur als Strohmänner anzusehenden Gründer im formellen Sinne vereinbart haben, sondern der sich aus den sachlichen Leistungen des Erstübernehmers im Sinne der einheitlichen Gesamtverträge sich ergebende Wert. Ich glaube aber, daß diese Entscheidung auf einer einwandfreien rechtlichen Auslegung des Gesetzesbegriffs "Ausgabewert" beruht (die Antithese zwischen "Recht" und "Wirtschaft" S. 23 ist wenig glücklich formuliert), und ich glaube weiter, daß es sich hier gar nicht um eine Steuerumgehung im eigentlichen Sinne des Wortes handelt: das richtig und einwandfrei ausgelegte Gesetz findet ohne weiteres auf den Tatbestand Anwendung. Nicht einmal ein Versuch der Steuerumgehung war auf seiten der Gründer oder des Fürsten anzunehmen. Die Motive für die Wahl der vom Üblichen abweichenden Form der Gründung lagen nicht auf steuerlichem Gebiete; der Ausschluß des wirtschaftlichen Erstübernehmers der Aktien aus dem Kreis der Gründungspersonen bezweckte vielmehr in erster Linie, dem Fürsten die mit der Gründung verbundenen Gefahren zu ersparen. Das erkennt auch das R.G. an. — In dem Streite darüber, ob die Rechtsprechung der deutschen Gerichte vor Erlaß der Reichsabgabenordnung genügt habe, die Steuerumgehung wirksam zu bekämpfen, hat demnach diese am häufigsten zitierte Entscheidung m. E. ganz auszuscheiden; sie ist ein gutes Beispiel für den Gedanken des § 4 AO. Mit § 5 AO. hat sie nichts zu tun.

Ähnlich steht es mit der in dem vorstehend besprochenen Urteil zitierten früheren Entscheidung aus dem Jahre 1910[1]), die jedoch in mancher Beziehung klarer ist als das etwas weitschweifig und schwerer verständlich begründete Urteil im 84. Bande. Der Fall lag im wesentlichen ähnlich; die formell-handelsrechtliche Frage, ob die Zeichnung einer Partie neuer Aktien gegen Barzahlung stattgefunden habe, wird mit Recht bejahend entschieden; dies sei aber belanglos für die steuerrechtlich allein bedeutsame Frage, was als ,,Ausgabewert" der neuen Aktien im Sinne des Reichsstempeltarifs anzunehmen sei; hierfür sei die Barzahlung allein nicht maßgebend; auch ein mit dem Aktienübernahmevertrag nach dem Willen der Parteien in untrennbarem Zusammenhang stehender anderer Vertrag (über die Fusion einer neuzugründenden G.m.b.H. mit der AG.) müsse bei der Wertermittlung berücksichtigt werden.

Der eigentliche Fehler der Revisionskläger in beiden Entscheidungen liegt darin, daß sie (wenn auch nicht expressis verbis) behaupteten, die handelsrechtlichen Begriffe ,,Bargründung oder Sachgründung" seien wesentlich für die Auslegung des steuerrechtlichen Begriffs ,,Ausgabewert". Dies weist das R.G. mit Recht

---

[1]) Jur. Wochenschr. 1910, S. 342 ff.

und überzeugend (klarer noch im früheren als im späteren Urteil) zurück. Hätte sich das R.G. auf diesen Gedankengang beschränkt, so würde das Urteil 84, 17 wohl kaum eine so große und meines Erachtens ungerechtfertigte Bedeutung erlangt haben.

Diese tritt namentlich in dem Reichsgerichtsurteil vom 20. Jan. 1920 (Jur. Wochenschr. 1920, S. 643) zutage, das allein angezogen werden dürfte, wenn von Steuerumgehungsbekämpfung die Rede ist. In dem hier behandelten Fall sollte der Einbringungsstempel Tarif-Nr. 1 A. d. R.St.G.es vom 3. Juli 1913) dadurch umgangen werden, daß die Sacheinlage mittels einer schon bei der ersten Gründung beabsichtigten formellen Nachgründung (Kapitalserhöhung) der Aktiengesellschaft zugeführt wurde. Im Gegensatz zu R.G. 84, 17 (das die neue Entscheidung zu einem Steuerumgehungsfall stempeln möchte!) handelt es sich hier um die Frage, ob der aus dem Handelsgesetzbuch in das Steuerrecht übernommene Begriff „Einbringung" stempelrechtlich einer weiteren Auslegung fähig sei als handelsrechtlich. Dies bejaht das R.G., und zwar unter ausdrücklicher mehrfacher Berufung auf R.G. 84, 17, obwohl es sich dort lediglich (wie die Revisionsklage richtig hervorhebt!) um die Auslegung des steuerrechtlichen Begriffs „Ausgabewert" gehandelt hat. Mit der Berufung auf einige allgemeine Sätze der Begründung des früheren Urteils (die letzteres in keiner Weise trugen, sondern mehr zum rechtsgedanklichen Schmuck dienten) wird ein allgemeiner Rechtssatz gewonnen und die Umgehungsbekämpfung durch Analogieschluß bereits als feststehende Praxis des R.G. hingestellt. Das ist unrichtig, aber ganz charakteristisch für den Beginn (!) gewohnheitsrechtlicher Rechtsbildungen. Der Kritiker des Urteils in der Juristischen Wochenschrift (Rheinstrom) tadelt die fiskalische Tendenz des Reichsgerichts; eine solche vermag ich in dem Urteil nicht zu erblicken[1]), obwohl das Ergebnis in Nebenpunkten kaum befriedigt; aber auch er hält die Rechtsprechung des Reichsgerichts bereits

---

[1]) Vgl. im übrigen das Urteil des R.G. vom 22. Nov. /13. Dez. 1912 (VII 320/12) im preuß. Justiz. Min. Bl. 1913, S. 159ff., das gerade zugunsten des Steuerpflichtigen ähnliche Grundsäze verwendet. Mit dem Vorwurf der (unbegründeten) Fiskalität muß man m. E. unseren obersten Gerichten gegenüber sehr vorsichtig sein.

für feststehend. Durch genaue Analyse des so vielfach angezogenen Urteils 84, 17 hätte er sich von dem Gegenteil überzeugen können. Rheinstrom schließt seine kurze Anmerkung mit dem Wunsche, der Reichsfinanzhof möge unter der Herrschaft des § 5 AO. weniger „Fiskalität" üben, „als es das R.G. hier vor seinem Inkrafttreten leider getan hat".

Wie der Reichsfinanzhof den § 5 AO. angewandt hat, wird später zu zeigen sein; hier interessiert nur die Feststellung, daß er in einem ganz ähnlich gelagerten Fall (R.F.H. IV, 212) sich der zuletzt besprochenen Entscheidung des Reichsgerichts in vollem Umfang angeschlossen hat, und zwar ganz charakteristischer Weise lediglich unter Zitat des Aktenzeichens, nicht aber der Fundstelle, während die sachlich weit weniger passende Entscheidung R.G. 84, 17 genau zitiert und besprochen wird. Diese hält also auch der oberste Steuergerichtshof für grundlegend; allerdings beschränkt auch er sich auf ein Anführen der m. E. in keiner Weise bedeutsamen Leitsätze. Das Wesentliche der Reichsfinanzhof-Entscheidung scheint mir ihr **negativer** Inhalt zu sein. Das Ergebnis wird nicht auf den Gedanken des § 5 AO. aufgebaut, sondern nur der (auch schon **vor** dem Inkrafttreten der Abgabenordnung anwendbare) Grundsatz des § 4 AO. (Auslegung nach dem Zweck des Gesetzes) wird herangezogen. **Auch der Reichsfinanzhof gelangt zur Unterscheidung der handelsrechtlichen und steuerrechtlichen „Einbringung".** Damit ist von vornherein das Anwendungsgebiet der **Auslegungsnorm** zuungunsten der **Umgehungsnorm** übermäßig erweitert; die Gefahr, die aus der ungenügenden Unterscheidung beider Begriffe fließen muß, scheint hier von vornherein verkannt zu sein. Wenn man freilich die Gesetzesauslegung zur Abwandlung gesetzlicher Begriffe benutzen zu können glaubt, so erübrigt sich allerdings die Aufstellung eines besonderen Umgehungsschutzes. Der Fall des genannten Urteils hätte m. E. nur als echte Steuerumgehung (Ausnutzung einer Lücke im Gesetz) gewertet werden dürfen. Da der Reichsfinanzhof den Grundsatz des § 5 AO. auch schon vor seinem formellen Inkrafttreten für anwendbar gehalten hat[1]), so hätte er dem Um-

---

[1]) Vgl. die Entsch. R.F.H. III, S. 213f.; IV, S. 119; XI, S. 8.

gehungsgeschäft der Steuerpflichtigen (formell rechtlich ein von der Gründung unabhängiger Kaufvertrag, der im wirtschaftlichen Erfolg einer „Einbringung" gleichkam) ohne weiteres den steuerlichen Erfolg auch von diesem (m. E. richtigeren) Standpunkt aus versagen können.

Eine weitere Reihe von steuerrechtlichen Entscheidungen, in denen der Gesichtspunkt der Steuerumgehung eine Rolle spielt, betrifft die Minderung des Einkommens von Gesellschaften durch verdeckte Gewinnverteilung. Zwei Formen dieser Manipulation sind in der Rechtsprechung des preußischen Oberverwaltungsgerichts vor allem hervorgetreten: einerseits die öfters vorkommende Gewinnverteilung durch Zahlung eines hohen „Gehalts" an Gesellschaftsmitglieder, die zu Geschäftsführern bestellt werden, andererseits die Abführung eines Teils des Reingewinns an eine (meist ausschließlich zu diesem Zwecke gegründete) andere Gesellschaft auf Grund einer „vertraglichen Verpflichtung". Für die Beurteilung beider Fälle hat der VII. Senat des preuß. O.V.G. m. E. bereits die richtigen Gesichtspunkte entwickelt, bevor die Rechtsprechung in den in Frage kommenden Materien auf den Reichsfinanzhof überging. In den beiden Staatssteuerentscheidungen Bd. 17, S. 308 ff. erkennt das preußische Gericht (unter Berichtigung der früheren Rechtsprechung) unumwunden an, daß auch das auf Grund des Gesellschaftsvertrages (nicht auf Grund eines besonderen Dienstvertrages) zum Geschäftsführer bestellte Mitglied ein vom Gewinn abzugsfähiges Gehalt beziehen könne, „sofern die Vergütung nicht in so großem Mißverhältnis zum Werte der Leistung steht, daß angenommen werden muß, es solle nicht nur die Tätigkeit entlohnt, sondern zugleich Gewinn verteilt werden" (a. a. O. S. 312); erst wenn „eine verdeckte Gewinnabrede klar erkennbar ist", unterliegt die Vergütung insoweit der Steuer. Diese Grundsätze gelten auch dann, wenn sämtliche Gesellschafter zu Geschäftsführern bestellt sind. Entspricht aber hier die ausgemachte Vergütung dem Verhältnis der Kapitaleinlagen, und ist auch aus anderen Abmachungen zu erkennen, daß eine Entlohnung tatsächlich nicht gewollt ist, so ist den angeblichen Vergütungen an die Geschäftsführer die Eigenschaft der abzugsfähigen Betriebskosten nicht zuzuerkennen; sie sind vielmehr dem Gewinn hinzuzurechnen. — Aus welchen rechtlichen Gründen die Steuerbehörde hier befugt ist, über den äußerlich erkennbaren Parteiwillen hinauszugehen und „Gewinnverteilung" dort einzusetzen, wo die Beteiligten von „Geschäftsführervergütung" sprechen, sagt die Entscheidung zwar nicht ausdrücklich; die Begründung läßt aber kaum einen Zweifel darüber, daß das Gericht ein verdecktes Rechtsgeschäft annimmt und demgemäß nach § 117 B.G.B. die Besteuerung auf Grund des negotium dissimulatum vornehmen kann. — Diese rechtliche Begründung wird aber in der Entscheidung in Staatssteuersachen Bd. 18, S. 96 expressis verbis angeführt, um im folgenden Fall die steuerliche Unbeachtlichkeit einer Parteiabrede darzutun: Eine G.m.b.H. hatte sich in ihrem Gesellschaftsvertrage verpflichtet, an eine offene H.G., deren Mitglieder mit derjenigen der G.m.b.H. identisch sind, den jährlichen, eine Verzinsung von 6% des Gesellschaftskapitals übersteigenden Teil des Reingewinns abzuführen. Als „Gegenleistung" sollte die G.m.b.H. die alleinige Vertretung der offenen H.G. an einem bestimmten Platze erhalten. Daß bei Abschluß dieses Vertrages auf steuerliche Fragen Rücksicht genommen worden ist, steht fest. Das Gericht erkennt in dieser Abmachung einen ernsthaft gemeinten entgeltlichen Vertrag nicht an; das für die Einräumung der Monopolstellung vereinbarte Entgelt beraube die G.m.b.H. in Wahrheit der Möglichkeit, diese Monopolstellung überhaupt zur Gewinnerzielung auszunutzen. In Wahrheit liege also eine verdeckte Gewinnverteilung vor, die nach § 117 B.G.B. für die Besteuerung maßgebend sei. — Man wird in beiden Fällen die Beurteilung der in Erscheinung getretenen Verträge als Scheingeschäfte, durch die Gewinnverteilungen verdeckt werden sollen, als richtig anerkennen können. Damit scheiden diese Entscheidungen aus dem Rahmen der Steuerumgehung aus; denn, wie oben nachgewiesen, fängt der Bereich des Umgehungsgeschäftes dort an, wo das Schein- und verdeckte Rechtsgeschäft aufhören.

Gerade diese beiden Entscheidungen führt aber der I. Senat des Reichsfinanzhofs in einer sonst ausgezeichnet begründeten Entscheidung (Bd. IV, S. 113 ff.) als Beweis dafür an, daß sich der dem § 5 AO. zugrunde liegende Rechtsgedanke bereits vor dem Inkrafttreten der Abgabenordnung durchgesetzt habe[1]). Der vom Reichsfinanzhof hier zu entscheidende Fall handelt freilich auch von einer verdeckten Verteilung des Geschäftsgewinns einer Gesellschaft auf dem Umweg über eine andere, liegt also äußerlich ziemlich ähnlich wie der Tatbestand des zweiten Urteils des Oberverwaltungsgerichts. Aber gerade in wesentlichen Punkten versagt die Ähnlichkeit: denn die Gewinnverteilung vollzieht sich hier nicht zwischen zwei **gleichzeitig** nebeneinander bestehenden Gesellschaften, sondern in der Weise, daß die alte, mit etwas zu viel Gewinn belastete Gesellschaft (eine G.m.b.H.) rechtsgültig aufgelöst und ihr Gesamtvermögen gegen eine unverhältnismäßig geringe Gegenleistung an eine neugegründete Kommanditgesellschaft übertragen wird, die im wesentlichen aus den gleichen Gesellschaftern besteht. Mit straffer Konsequenz entwickelt der Senat in der Begründung, daß die nach dem Inhalt der Kaufurkunde geschaffene Rechtslage keinen Raum für eine Besteuerung nach dem Kriegsabgabegesetze lasse. Am maßgebenden Stichtage habe die G.m.b.H. in ihren Aktiven nur den geringen Kaufpreis, der ihr von der Kommanditgesellschaft gezahlt sei, aufzuweisen gehabt; ein steuerpflichtiger Mehrgewinn sei also nicht gegeben; der tatsächlich erzielte Gewinn sei vielmehr auf die neue Gesellschaft übergegangen. Als wesentlich für die Heranziehung dieser Vermögensteile zur Kriegsabgabe der G.m.b.H. bezeichnet das Gericht weiter den Ausfall der Prüfung, ,,ob in der Überlassung des erzielten Gewinns von seiten der G.m.b.H. an die Kommanditgesellschaft **nicht eine verdeckte Gewinnverteilung durch die G.m.b.H. liegt**, in welchem Falle jener Gewinn sich **trotz und entgegen der Kaufurkunde steuerrechtlich allerdings lediglich als Bilanzgewinn der Beschwerdeführerin darstellen würde**". Frage und Folgerung sind richtig formuliert; die Beantwortung der Frage ist aber allein davon abhängig, ob man in dem notariellen Kaufvertrag ein Scheingeschäft erblicken kann oder nicht. **Diese Frage stellt allerdings der Senat nicht**, wohl aus dem Grunde, **weil er sie verneinen müßte**. Der Fall liegt anders, als der vom preuß. O.V.G. entschiedene Doppelgesellschaftsfall:

---

[1]) Der Senat verweist im übrigen richtig auf die Reichsgerichtsentscheidung Jur. Wochenschr. 1920, S. 643 und nicht auf R.G. Bd. 84, S. 17.

Dort stand zur Entscheidung, ob eine von der G.m.b.H. an die offene H.G. tatsächlich gezahlte Summe rechtlich als vertragsmäßige entgeltliche Leistung oder als unentgeltliche Gewinnzuwendung aufzufassen sei; hier dagegen steht fest, daß die liquidierte G.m.b.H. von der neugegründeten Kommanditgesellschaft für die Übertragung ihrer sämtlichen Aktiven und Passiven nichts anderes empfangen hat als die geringfügige Summe, die einen Mehrgewinn gegenüber früheren Jahren nicht in Erscheinung treten läßt; es steht weiter fest, daß die hohen Aktiven am maßgebenden Bilanzstichtag im Eigentum der Kommanditgesellschaft und nicht der G.m.b.H. standen. Die Parteien wollten diese eigentümliche, dem Verkehrsüblichen widersprechende Gestaltung ihrer Rechtsbeziehungen ausdrücklich und ernsthaft, weil sie so und nur auf diese Weise der konfiskatorischen Kriegsabgabe zu entgehen hofften. Dieses völlig offene Gebaren als Scheingeschäft anzusehen, hinter dem eine Gewinnverteilung verdeckt wird, geht m. E. nicht an. Hier ist der Fall einer echten Steuerumgehung gegeben; allein der § 5 AO. (nicht aber § 117 B.G.B.) hätte helfen können, wenn er damals schon geltendes Recht gewesen wäre.

Dies aber bejaht der Senat; er behauptet, der Rechtsgedanke des § 5 habe sich bereits in der Rechtsprechung durchgesetzt, und zwar in der Judikatur des preuß. O.V.G. gerade für die verdeckte Gewinnverteilung, obwohl die beiden angeführten Entscheidungen ausschließlich mit dem Scheingeschäft, nicht aber mit dem erfolglosen Umgehungsgeschäft arbeiten. Es ergibt sich also genau das gleiche Bild wie vorher. Der Reichsfinanzhof bringt einen Rechtsgedanken, den er bereits in der früheren Rechtsprechung als verwirklicht ansieht, selbst zum erstenmal zur Durchführung! Diese irrtümliche Heranziehung der früheren Rechtsprechung zum Beweis der Geltung eines bisher noch nicht geltenden Rechtssatzes mag immerhin als Beweis der Bildung eines Gewohnheitsrechtes gelten[1]).

In ähnlicher Weise, nur noch deutlicher, haben die bayerischen Steuerbehörden den § 117 B.G.B. auf eine Steuerumgehungsform

---

[1]) Allerdings könnte man wohl mit Recht bezweifeln, daß der R.F.H. seine Entscheidung in gleicher Weise begründet hätte, wenn die Aufnahme des § 5 A.O. in das Gesetz noch nicht erfolgt wäre.

angewandt, die in der Literatur eine große Rolle gespielt hat: die Gesellschaft mit beschränkter Haftung und Co., Kommanditgesellschaft[1]). Die zivilrechtliche Gültigkeit dieser eigentümlichen Gesellschaftsform, die es ermöglichte, die Doppelbesteuerung der G.m.b.H. und der einzelnen Gesellschafter nach dem bayer. EinkSt.G. vom 14. Aug. 1912 zu vermeiden, wurde vom bayer. Obersten Landesgericht anerkannt[2]). Die Steuerbehörden, an ihrer Spitze die Oberberufungskommission München, vertraten dagegen mehrfach die Auffassung, die Umgründung sei lediglich zum Schein erfolgt[3]). Daß diese Auffassung unhaltbar sei, ist heute wohl ziemlich einstimmig anerkannt. Auch hier ist der Fall einer echten Steuerumgehung gegeben, der m. E. nur an Hand einer diese treffenden besonderen gesetzlichen Bestimmung bekämpft werden könnte[4]).

Der Reichsfinanzhof hat in seinem Bd. X, S. 65 veröffentlichten Urteil den § 5 AO. mit vollem Recht auf die Gründung einer „G.m.b.H. und Co., Kommanditgesellschaft" angewandt, die aus der G.m.b.H. als unbeschränkt haftendem Gesellschafter, deren sämtlichen Mitgliedern als beschränkt haftenden Kommanditisten bestand; zutreffend ist hier ausgeführt, daß bei dieser ungewöhnlichen Rechtsform die Absicht der Steuerumgehung dann präsumiert werden kann, wenn als Komplementäre und Kommanditisten die gleichen Personen beteiligt sind. Ob das gleiche stets auch in dem entgegengesetzten Fall angenommen werden darf, bleibe dahingestellt. Der Reichsfinanzhof hat also nach Erlaß der Reichs-

---

[1]) Ich verweise u. a. auf Rosendorff, D.St.Ztg. 1920, S. 62ff.; Hachenburg, D.St.Ztg. 1920, S. 30ff.; Kahn, Steuerersparung und Steuerumgehung, München 1919, S. 4; vgl. ferner die Darstellung bei Nees, Steuerumgehung S. 32ff.

[2]) Sammlung der Entscheidungen des bayer. Ob.L.G. Bd. 13, S. 69ff.

[3]) Vgl. die bei Nees a. a. O., S. 34 angeführten Entscheidungen der Oberberufungskommission München in deren „Mitteilungen" Bd. XV., S. 133 und Bd. XVII, S. 185, 216.

[4]) Freilich bleibe dahingestellt, ob nicht (namentlich für den Geltungsbereich des bayr. Eink.St.Ges.) die Vermeidung der übermäßigen Doppelbesteuerung durch Anwendung der ungewöhnlichen Gesellschaftsform als ein dem Gesetzgeber geradezu erwünschter Erfolg hätte angesehen werden müssen. Die Umgehung eines (unbeabsichtigten!) Gesetzesfehlers führt oft erst zu dem wirtschaftlichen Zustand, den der Gesetzgeber herbeizuführen beabsichtigte.

abgabenordnung allein die wirksame Waffe in der Hand gehabt; die Begründung des bayerischen Gerichts erscheint verfehlt. Derartige Entgleisungen in der Auswahl der Kampfmittel gegen die Steuerumgehung sind allerdings vereinzelte Ausnahmen. Das preuß. O.V.G. hat es in einem früheren Urteil[1]) ausdrücklich abgelehnt, einen zwischen Eltern und Kindern abgeschlossenen Dienstvertrag zum Ersatz der unentgeltlichen Arbeitsleistung nach § 1617 B.G.B., selbst wenn diese Form in der Absicht der Steuerersparung gewählt ist (!), als Scheinvertrag zu beurteilen. Ähnlich weist das O.L.G. Stuttgart[2]) die Ansicht zurück, ein zum Zwecke der Umsatzsteuerersparung (bei Grundstücksveräußerungen) abgeschlossenes Umgehungsgeschäft sei sittenwidrig und daher nach § 138 B.G.B. nichtig. Allerdings muß dann das Gericht auch darauf verzichten, derartige Umgehungsgeschäfte zur Steuer heranzuziehen, eine nach dem früheren Stande der Gesetzgebung ganz berechtigte Konsequenz.

Ähnliches können wir auch in der Umgehungsrechtsprechung des Reichsfinanzhofs vor dem Inkrafttreten der Reichsabgabenordnung beobachten. Insbesondere hat dieser Gerichtshof es von vornherein vermieden, Umgehungsgeschäfte als Scheingeschäfte zu beurteilen[3]); die Verwandtschaft von Umgehungsgeschäft und un-

---

[1]) Mitgeteilt in der Dtsch. Jur.Ztg. 1906, S. 1154f. (XIII a 6 v. 25. 1. 06).

[2]) In seinem Urteil III 2/12 v. 26. März 1912 mitgeteilt im „Recht" 1912, Nr. 1578.

[3]) Vgl. R.F.H. I, 127f.; III, 213; V, 250; VI, 120. Dagegen hat der V. Senat des Gerichtshofs m. E. in einem Falle ein Scheingeschäft als Umgehungsgeschäft behandelt. Der Entscheidung Bd. VIII, S. 163 lag folgender Tatbestand zugrunde: Der Aufkäufer eines Viehhandelsverbandes war mit seinen gesamten Einnahmen zur Umsatzsteuer herangezogen worden; er nimmt für sich die Befreiungsvorschrift des § 7 Ums.St.Ges. in Anspruch, weil er nur als Organ des Verbandes Vieh aufgekauft und als bloßer Besitzdiener unmittelbaren Besitz an dem gekauften Vieh nicht für sich, sondern für den Verband erlangt habe. Dabei beruft er sich auf eine öffentliche Bekanntmachung des Verbandes, welche die Organstellung der Aufkäufer den Viehverkäufern gegenüber ausdrücklich betont und weiter in engem Anschluß an die Fassung des § 855 B.G.B. feststellt, daß die Organe „in allen Fällen die tatsächliche Gewalt über das von ihnen angeschaffte Vieh ausschließlich für den Viehhandelsverband ausüben". Das Gericht nimmt ohne Rechtsirrtum an, daß die Selbständigkeit des betreffenden Aufkäufers einer Organschaft des Verbandes widerspricht, daß dieser insbesondere das Eigentum für sich und nicht für den Verband erwirbt. Daraus folgert

sittlichem Rechtsgeschäft wird zwar gelegentlich gestreift[1]), ohne daß jedoch aus dieser äußeren Ähnlichkeit rechtliche Folgerungen gezogen werden. Die gesamte Rechtsprechung des Reichsfinanzhofs bis zum 5. Band seiner Entscheidungen[2]) läßt sich kaum als umgehungsfeindlich bezeichnen[3]). Abgesehen von dem oben besprochenen Urteil des I. Senats (Bd. IV, S. 113) ist in keinem einzigen Fall einem Steuerersparungsgeschäft die steuerliche Wirksamkeit versagt worden, und dies in den Jahren 1918—1920, d. h. der Zeit des größten Steuerschiebertums! Als typisch greife ich aus der Zahl der hier in Betracht kommenden Urteile[4]) den vom II. Senat (Bd. I, S. 126) entschiedenen sog. Mitropafall heraus. Auch hier ist ein Fall des gesellschaftlichen Stempelrechts gegeben.

Der wirtschaftliche Erfolg der Neugründung einer Aktiengesellschaft wird auf dem rechtlich zulässigen Wege der Vereinigung der Aktien einer nicht mehr lebensfähigen Gesellschaft in eine Hand, Sitzverlegung und Satzungsänderung erreicht. Eine Versteuerung nach Tarifnummer 1 A. a des damaligen Reichsstempelgesetzes von 1913 kommt bei diesem Geschäftsgebaren formell nicht in Frage. Daran hält auch der Senat fest, obwohl die Vorinstanzen in der Satzungsänderung ein der Neugründung steuerlich gleichzuachtendes Geschäft haben erblicken wollen. Aber — sagt die Begründung wörtlich — „Satzungsänderungen sind[5])

---

es (jedenfalls für den entschiedenen Fall) mit Recht: Auch den unmittelbaren Besitz an dem aufgekauften Vieh erwarb der Aufkäufer für sich und nicht für den Verband. Als Inhalt des wahren Geschäftswillens der Beteiligten sei etwas anderes praktisch undenkbar. Bei dieser Sachlage bedarf es des § 5 AO. nicht, um die öffentliche Bekanntmachung, soweit sie das Gegenteil besagte, unbeachtet zu lassen. Sie ist eine Scheinerklärung, die den wahren Willen zu verdecken bestimmt war. Für die Besteuerung ist aber stets der wahre Geschäftswille maßgebend. In der rechtlichen Begründung (nicht im Ergebnis) geht also das Urteil, soweit es auf § 5 fußt, fehl.

[1]) III, 214, im Anschluß an die Ausführungen Hachenburgs D.St.Ztg. 1920, S. 30.
[2]) Bd. V, S. 247 enthält die erste Anwendung des § 5 AO. durch den II. Senat.
[3]) Vgl. dazu meine Darlegungen in Recht und Wirtschaft 1921, S. 217f.
[4]) Vgl. insbesondere die Urteile Bd. I, S. 69; I, 71; III, 212; IV, 113 (s. o.); V, 30; V, 121.
[5]) Abgesehen von den im Gesetz selbst vorgesehenen Fällen, die hier nicht vorliegen.

stempelfrei, und zwar auch dann, wenn mit ihnen die gleiche Wirkung erreicht wird, wie wenn eine neue Aktiengesellschaft errichtet würde. Das Gesetz enthält keine Vorschriften dahin, daß Umgehungsgeschäfte so besteuert werden sollen wie das Geschäft, dessen Versteuerung die Beteiligten ersparen wollten. Die Errichtung einer Aktiengesellschaft kann nach Tarifnummer 1 A a, welche eine Abgabe von Urkunden ganz bestimmter Art vorsieht, nur unterworfen werden, wenn die dafür im Handelsgesetzbuch (§§ 182, 188, 196) vorgeschriebenen Förmlichkeiten gewahrt sind und dann noch eine rechtswirksame Beurkundung vorliegt. Das ist im vorliegenden Falle nicht geschehen. Sollte jene Änderung des Gesellschaftsvertrages nicht ernst gemeint gewesen sein — wofür übrigens nichts spricht —, so würde der dahingehende Beschluß vielleicht nichtig sein, aber nicht dahin Wirksamkeit haben können, daß eine neue Aktiengesellschaft errichtet werde."

Ich halte die angeführten Sätze des grundlegenden Urteils für ausreichend, um darzutun, daß sich der Gedanke des § 5 AO. damals (im Jahre 1919) auch beim Reichsfinanzhof noch nicht durchgesetzt hatte. Wird derartiges in späteren Entscheidungen behauptet[1]), so mag dabei unwillkürlich der Wunsch mitgespielt haben, zu beweisen, daß eine Umgehungsbekämpfung durch das Gesetz überflüssig sei, die Rechtsprechung vielmehr selbst Wege fände, der Steuerumgehung wirksam zu begegnen. Ich glaube im vorstehenden nachgewiesen zu haben[2]), daß von einem Sichdurchsetzen dieses Gedankens im Sinne der Entwicklung eines allgemeinen gewohnheitsrechtlichen Satzes noch keine Rede sein kann. Die „Scheingeschäfts"- und „Auslegungs"urteile des preuß. O.V.G. und des R.G. sind in diesem Zusammenhang bedeutungslos; wurden sie später irrtümlich (!) als Beweise für echte Umgehungsjudikatur herangezogen, so mag das einen Ansatz zu gewohnheitsrechtlicher Bildung bedeuten. Zur vollen Entwicklung ist dieser Ansatz aber nicht gekommen; das ganze Problem war noch zu neu, die Judikatur zu widerspruchsvoll, als daß

---

[1]) III, 213f.; IV, 119.
[2]) Obwohl ich mich auf die m. E. wichtigsten Entscheidungen beschränkt habe; wesentlich dürfte sich aber das Bild auch durch Aufführung einer weit größeren Anzahl von Umgehungsentscheidungen kaum verschieben.

von einheitlicher dauernder Übung hätte gesprochen werden können.

Damit gelange ich zu dem Ergebnis: Zur Verhinderung der echten Steuerumgehung (die ihrerseits wiederum nur ein allerdings besonders gearteter Unterfall der Gesetzesumgehung ist) reichte bei Erlaß der Reichsabgabenordnung **kein allgemeiner Rechtssatz** aus. Die verwandten Normen über Scheingeschäft, verdecktes Rechtsgeschäft, unsittliches Rechtsgeschäft usw. treffen den Tatbestand der Steuerumgehung niemals völlig; ein gewohnheitsrechtlicher Satz, der die Steuerumgehung verhindert, ließ sich an Hand der **vor** der Reichsabgabenordnung liegenden Rechtsprechung der deutschen Gerichte nicht nachweisen; die Bekämpfung der Umgehungsversuche durch Auslegung läßt gerade da im Stich, wo die echte Umgehung anfängt, d. h. wo die Norm des umgangenen Steuergesetzes selbst bei der weitesten noch zulässigen Auslegung den der Kognition der Gerichte unterliegenden Tatbestand nicht mehr trifft. Die auf diese Weise sich herausstellende, vom Umgeher benutzte Lücke des Gesetzes vermag aber ein Analogieschluß nicht auszufüllen, weil diese Art der Rechtsfindung gerade auf dem Gebiete des Steuerrechts sich im allgemeinen nicht als zulässig erweist. — **Der Gesetzgeber**, dem allein im Steuerrecht die Umgehungsbekämpfung obliegt, hat daher zu anderen Schutzmitteln greifen müssen; er suchte und fand **in dem Bereich der Steuergesetze selbst** Möglichkeiten, Sicherungsvorschriften gegen die Umgehung der hier aufgestellten Normen anzubringen.

VI.

Die erste und gebräuchlichste der sich zu diesem Zwecke bietenden gesetzestechnischen Möglichkeiten ist der Ausbau eines **Systems von Spezialklauseln in den einzelnen materiellen Steuergesetzen**. Bei der bei Aufstellung eines jeden Steuertatbestandes notwendigen Prüfung: auf welchem rechtlichen Wege wird der von der Steuerpflicht zu erfassende wirtschaftliche Erfolg normalerweise erreicht? werden sich von vornherein eine Reihe von Rechtsmöglichkeiten ergeben, die der Verkehr zwar bei gänzlicher Steuerfreiheit des Wirtschaftserfolges im allgemeinen nicht benutzen wird, die aber sofort dem bisher üblichen Wege vorgezogen werden, sobald der Hauptweg mit Steuern verbarrikadiert ist, der bisher wenig begangene Nebenweg dagegen nicht. Werden solche Auswege zur Vermeidung der Steuerpflicht nicht sofort bei der ersten Gesetzesformulierung erkannt, so wird die durch den Erlaß des Steuergesetzes beeinflußte Gestaltung des Wirtschaftslebens die gesetzgebenden Organe bald darauf aufmerksam machen, daß solche Nebenwege noch bestehen. Aufgabe eines guten Steuergesetzgebers ist es, derartige Erscheinungen möglichst schnell zu erkennen und alsdann sofort zu unterbinden. Dies geschieht durch Aufstellung von gesetzlichen Sondertatbeständen, welche an die Einschlagung des „Normalumgehungsweges" die gleiche Steuerpflicht knüpfen wie an den vom Wirtschaftsverkehr bis zum Ersterlaß des Gesetzes benutzten Hauptweg.

Ein System von solchen Spezialklauseln zur Umgehungsverhinderung ist namentlich in den älteren Steuergesetzen häufig, vor allem in denjenigen, die zur Begründung der Steuerpflicht an streng formale Tatbestände des bürgerlichen Rechts anknüpfen müssen. Ich wähle zur Erläuterung des Gesagten das Reichsgrunderwerbsteuergesetz vom 10. September 1919[1]). Dieses Gesetz will, wie oben bereits dargelegt, den Übergang der (möglichst) unbeschränkten wirtschaftlichen Verfügungsmacht an Grundstücken von einer Person zur anderen steuerlich erfassen, in der Annahme, daß der Neuerwerb von Land Merkmal einer besonderen Leistungsfähigkeit sei. Der Haupttatbestand knüpft an den rechtlichen Übergang des Eigentums an und läßt die Steuerpflicht durch die Eintragung der Rechtsänderung in das Grundbuch entstehen, durch welche die Eigentumsübertragung formell beendet wird. Das obligatorische Veräußerungsgeschäft, das den Veräußerer zur Eigentumsverschaffung verpflichtet, ist an sich nicht steuerpflichtig; da es aber genügen kann, dem Erwerber die volle wirtschaftliche Verfügungsmacht zu verschaffen, d. h. den wirtschaftlichen Tatbestand zu erfüllen, ohne das rechtliche Hauptmerkmal, die Eintragung, zu verwirklichen, so erklärt § 5 des Gesetzes auch „ein zur Übertragung des Eigentums verpflichtendes

---

[1]) In vielen hier interessierenden Punkten stimmt das Wertzuwachssteuergesetz mit dem Grunderwerbsteuergesetz überein.

Veräußerungsgeschäft" für steuerpflichtig, wenn die formelle Eigentumsübertragung nach Ablauf eines Jahres noch nicht erfolgt ist. Aber auch das genügte noch nicht zur vollen steuerlichen Erfassung des zu treffenden wirtschaftlichen Tatbestandes. Der aus einem obligatorischen Veräußerungsvertrag Berechtigte kann seinerseits über das Grundstück dadurch (wirtschaftlich) verfügen, daß er seine Rechte aus diesem Vertrag an einen Dritten abtritt oder daß er nachträglich erklärt, das Grundstück für einen Dritten erworben zu haben. Der wirtschaftliche Zweck eines Veräußerungsgeschäfts kann weiter auch durch ein nur den Veräußerer bindendes Verkaufsangebot erreicht werden oder durch einen Vertrag, der den Eigentümer verpflichtet, ein Veräußerungsgeschäft abzuschließen; ebenso kann an die Stelle des Veräußerungsgeschäfts ein Rechtsgeschäft treten, durch das der bisherige Eigentümer den Vertragsgegner ermächtigt, das Grundstück für eigene Rechnung zu veräußern. Alle diese Möglichkeiten, den steuerlich zu erfassenden Wirtschaftserfolg zu erreichen, sind in der Praxis des Grundbesitzwechselrechts allmählich hervorgetreten; der Gesetzgeber hat sie sämtlich zu Sondertatbeständen erhoben (§ 5 Abs. VI: „Als Veräußerungsgeschäfte im Sinne des Abs. I sind auch anzusehen"), an die sich die gleiche Steuerpflicht knüpft wie an den Haupttatbesand, die Eintragung bzw. den Hauptumgehungstatbestand, das nicht zur Eintragung führende notarielle Veräußerungsgeschäft. Durch Abs. III des genannten Paragraphen ist ferner Sorge getragen, daß beim (obligatorischen!) Grundstückskettenhandel jedes Zwischenglied von der Steuer erfaßt wird. Endlich unterbindet § 3 die früher viel benutzte Möglichkeit, das Grundstück durch Einbringung in eine handelsrechtliche Gesellschaft gleichsam zu mobilisieren und dann durch Übertragung der Gesellschaftsanteile an eine Person, unter Vermeidung der Eintragung in das Grundbuch, wirtschaftlich zu übertragen. — Alles dies hat aber den Verkehr noch nicht verhindern können, Rechtsformen zu finden, die den gewünschten wirtschaftlichen Erfolg ohne Berührung eines der gesetzlichen Tatbestände erreichen. Der Gesetzgeber hat sich daher entschließen müssen, in das Spezialsteuergesetz gleichsam eine Generalklausel[1]) aufzunehmen, die die ratio legis nunmehr

---

[1]) Als solche halte ich die Bestimmung auch dann für anwendbar,

wirtschaftlich rein, d. h. ohne Bezugnahme auf irgendwelche besonderen rechtlichen Merkmale, zum Ausdruck bringt (§ 6). *„Steuerpflichtig ist auch ein Rechtsvorgang, der es ohne Übertragung des Eigentums einem anderen ermöglicht, über das Grundstück wie ein Eigentümer zu verfügen."* Würden wir diese Klausel an die Spitze stellen und sie (ohne sachliche Änderung) in die Worte fassen: „Steuerpflichtig ist jeder Rechtsvorgang, der einem anderen das umfassendste Herrschaftsrecht verschafft, das an einem Grundstück bestehen kann[1]", so hätten wir damit so ziemlich den „steuerlichen Wirtschaftsbegriff", welcher dem Grunderwerbssteuergesetz zugrunde liegt, herausgearbeitet, d. h. wir hätten soweit wie möglich von den rechtlichen Begriffen anderer Gebiete abstrahiert und das Motiv des Gesetzes zum rechtlichen Tatbestand erhoben. Die bisherigen Haupt- und Sondertatbestände des Gesetzes wären dann mit den Worten: „als solche Rechtsvorgänge gelten insbesondere" diesem ersten Paragraphen anzufügen. Ob sich eine derartige Fassung des Gesetzes (die wohl in der Richtung der Ausführungen von Becker u. a. liegen dürfte)[2] in der Praxis als brauchbar erweist, lasse ich dahingestellt. Einen sicheren Umgehungsschutz dürfte sie für das Spezialgesetz jedenfalls abgeben. Der Irrtum aber, daß durch einen derartigen Gesetzesaufbau der rechtliche Tatbestand durch einen wirtschaftlichen ersetzt sei, sei nochmals zurückgewiesen. — Die zweite „Umgehungs"-klausel des Grunderwerbsteuergesetzes (§ 7): *„Die Besteuerung wird nicht dadurch ausgeschlossen, daß ein nach diesem Gesetze steuerpflichtiger Rechtsvorgang durch einen anderen verdeckt wird"*, besagt im wesentlichen dasselbe wie § 117 B.G.B.; nach den Grundsätzen der Gesetzesökonomie wäre der Paragraph zu streichen[3].

---

wenn einer der Spezialtatbestände umgangen worden ist; a. A. der Reichsfinanzhof (II. Senat), der Bd. V, S. 249f. die Anwendbarkeit von § 6 verneint, wenn ein Fall der Steuerumgehung durch Veräußerung von Gesellschaftsanteilen (§ 3) vorliegt. Der Entstehungsgeschichte, auf die sich der R.F.H. beruft, messe ich gegenüber der Systematik des Gesetzes keine ausschlaggebende Bedeutung zu. Daher hätte es in dem dort entschiedenen Falle des § 5 A.O. m. E. gar nicht bedurft; § 6 Gr. Erw. St. Ges. hätte ausgereicht.

[1]) Vgl. die Definition bei Martin Wolff, Sachenrecht, § 51 I.
[2]) S. oben S. 241.
[3]) Aus dem oben (S. 232) entwickelten Satz, daß Scheingeschäft und

Ähnliche Sondertatbestände zur präventiven Bekämpfung der Steuerumgehung enthalten die meisten Einzelsteuergesetze. Sie sämtlich aufzuführen, ist hier nicht erforderlich[1]). Derartige Einzeltatbestände müssen, wenn der Schutz erfolgreich durchgeführt werden soll, immer wieder neu gefaßt oder neu aufgestellt werden, je nach den zur Kenntnis des Gesetzgebers gekommenen Umgehungswegen, die der steuersparende Verkehr einschlägt. Bei der Schwerfälligkeit der regelrechten Gesetzgebung wird der Steuerumgeher vielfach in diesem Wettlauf einen erheblichen Vorsprung besitzen. Manche Gesetze sehen daher die Möglichkeit vor, Sondertatbestände zur Umgehungsverhinderung im Verordnungswege oder auf andere erleichterte Weise vorläufig aufzustellen, damit das Leck des Gesetzes sofort, wenn auch notdürftig, verstopft werden kann. Die endgültige Ausbesserung obliegt meist dem Gesetzgeber[2]).

Die Umgehungsbekämpfung durch Spezialklauseln dürfte sich aus manchen Gründen gesetzestechnisch empfehlen: Der Verkehr wird von vornherein von dem Betreten unerwünschter Nebenwege

---

Umgehungsgeschäft einander ausschließen, ergibt sich als selbstverständliche Folgerung, daß § 7 Gr. Erw. St. Ges. und § 5 A.O. nicht gleichzeitig zur Anwendung gebracht werden können. Das hat der R.F.H. mehrfach (Bd. VI, 120; Bd. XI, S. 109) mit der erforderlichen Klarheit festgestellt. Damit ist aber nicht gesagt, daß im Einzelfall untersucht werden müsse, welche der beiden sich einander ausschließenden Normen nun anzuwenden sei; es genügt die Feststellung, daß — wie immer man den Tatbestand auch deuten mag — eine von beiden Bestimmungen sicher zutrifft. Ihre steuerrechtlichen Folgen sind ja die gleichen.

[1]) Vgl. z. B. die §§ 3, 5, 6 des Zuwachssteuergesetzes, die im wesentlichen mit den genannten Paragraphen des Gr. Erw. St. Ges. übereinstimmen; ferner §§ 8 II, 10 Eink. St. Ges.; § 6 b und c Kap. Verk. St. Ges. Aus dem preuß. Recht wäre etwa § 1 preuß. Stempel-St.Ges. zu nennen. Hierher gehören auch Vorschriften wie die Sondersteuer auf Luxusgegenstände in § 12 und die Hinzurechnung von Schenkungen an nahe Verwandte in § 13 Reichsnotopfergesetz. Ja, man kann sogar sagen, daß die Aufstellung einer besonderen Steuer auf Schenkungen und Zweckzuwendungen neben der Erbschaftssteuer im wesentlichen aus Gründen des Präventivschutzes gegen Steuerumgehungen erfolgt ist.

[2]) Vgl. z. B. § 66 Zuwachsst. Ges.; § 16 Ums. St. Ges.: Die Umgehung der Luxussteuer durch Fabrikation nicht luxussteuerpflichtiger Ersatzwaren kann durch deren Einreihung in die Luxussteuerliste des Umsatzsteuergesetzes (§ 15) verhindert werden. Hierzu genügt Reichsrats- (nicht Reichstags-) Beschluß.

abgehalten; wissen die Parteien, daß sie selbst durch „abwegige" Rechtsgeschäfte der Steuerpflicht nicht entgehen können, so liegt für sie kein Grund vor, den Hauptweg zu vermeiden. Trotz steuerlicher Belastung ist das Rechts- und Wirtschaftsleben in den altgewohnten Bahnen erhalten worden; die Hauptfunktion der Steuer, eine (wenn auch unvermeidliche) Nebenfolge einer bestimmten Rechtslage zu sein, ist gewahrt. — Die Spezialklauseln schaffen ferner im allgemeinen klare und eindeutige Verhältnisse; dies trifft jedenfalls dann zu, wenn eine ganz bestimmte Rechtsform zum Steuertatbestand erhoben wird. Aber selbst wenn im Bereiche eines Spezialgesetzes mit allgemeinen Klauseln und unbestimmten Begriffen gearbeitet wird, ist das nicht allzu gefährlich; diesen Klauseln kann nur eine ganz beschränkte Bedeutung zukommen; gerade sie werden bei geeigneter Fassung einen brauchbaren Schutz gegen künftige Umgehungsfälle abgeben. Ist mit diesen weiten Gesetzesklauseln noch die Ermächtigung zur Aufstellung von Sondertatbeständen auf vereinfachtem Wege verbunden, so dürfte das in den allermeisten Fällen zur wirksamen Bekämpfung der Steuerumgehung ausreichen.

VII.

Ein allseitiger lückenloser Umgehungsschutz wird freilich — das ist zuzugeben — selbst durch ein immer weiter auszubauendes System von Spezialklauseln nicht zu erreichen sein, es sei denn, daß die Spezialumgehungsbestimmungen der einzelnen Gesetze in ihrer Gesamtheit einer Generalklausel gleichkommen. Der Verkehr wird immer wieder neue Wege finden, den gewünschten wirtschaftlichen Erfolg unter Vermeidung der Steuerpflicht zu erzielen; und gerade je weiter die Spezialklauseln reichen, um so verschlagener und unzweckmäßiger werden die Wege zur wirksamen Umgehung sein müssen. Zwei Gründe namentlich tragen dazu bei, die Zahl der Steuerumgehungen anwachsen zu lassen: Unerprobtheit der Steuergesetze und übermäßige Ausdehnung der Steuerhöhe. Wird in Zeiten starken staatlichen Geldbedarfs die Steuerpflicht emporgeschraubt, so ist psychologisch auch die Tendenz zur Verminderung der Steuerpflicht stärker; und diese Tendenz wird sich um so leichter auswirken können, je weniger die praktisch noch nicht benutzten Gesetze die Umgehungsmöglichkeiten erkannt und in sich aufgenommen haben. Der Wettlauf zwischen Steuerumgeher und dem mit der Waffe der Spezialklauseln ausgerüsteten Gesetzgeber wird in solchen Zeiten zum fast aussichtslosen Nachjagen des Letzteren. Ähnlich war aber die Lage beim Erlaß der Reichsabgabenordnung. Es ist daher verständlich, daß die Regierung auf der Einfügung einer Generalklausel zur Verhinderung der Steuerumgehung, die der Entwurf vorsah, mit allem Nachdruck und gegen den erheblichen Widerstand eines großen Teiles der Nationalversammlung bestanden hat.

Man muß heute die Frage, ob diese Generalklausel an und für sich nötig war, unbedingt bejahen. Nur sie allein war imstande, der Rechtsprechung ausreichende Waffen zur Umgehungsbekämpfung zu liefern. Eine andere Frage ist es, ob man nicht damals die Ausdehnung des Gebiets der eigentlichen, durch § 5 getroffenen Steuerumgehung bedeutend überschätzt hat; dieses Gebiet ist umgrenzt durch die strafbare Steuerhinterziehung auf der einen Seite (mit der die Steuerumgehung, wie unten nachzuweisen sein wird, nur geringe Berührungspunkte gemeinsam hat), die erlaubte Steuerersparung, sowie die durch Auslegung und Spezialklauseln verhinderte Steuerumgehung andererseits. Die dazwischenliegenden Möglichkeiten sind theoretisch sehr groß; praktisch vermindern sie sich (nach den bisherigen Erfahrungen in Rechtsprechung und Schrifttum) auf eine so kleine Zahl von Umgehungsfällen, daß der gewaltige Aufwand an Parlamentserregung über diesen Paragraphen kaum gerechtfertigt erscheint. Ist es doch heute schon schwer, ein Beispiel zu finden, auf das der § 5 AO. ganz einwandfrei anwendbar ist, und ich stimme Becker[1]) vollständig zu, wenn er auf das Nichtzutreffen vieler der zur Bekämpfung der Generalklausel angeführten Fälle hinweist. Hätte man das im Jahre 1919 eingesehen, so wäre der immerhin gefährliche Paragraph vielleicht noch zurückgestellt und sorgfältiger vorbereitet worden. Die Umgehungsfälle der neuen Steuergesetze hätten hierzu wohl noch wichtiges Material herbeibringen können[2]).

---

[1]) A. a. O. § 5, Anm. 7.
[2]) Insoweit erhalte ich meine Ausführungen in Recht und Wirtschaft 1921, S. 219 aufrecht.

Die Nationalversammlung hat sich unter dem Druck der vielleicht überschätzten Verhältnisse zur Annahme des § 5 AO. entschlossen, und zwar im wesentlichen in der Fassung des Entwurfs. Der Verfasser des Entwurfs, Senatspräsident Becker, bezeichnet[1]) diese Formulierung des zugrunde liegenden Gedankens ausdrücklich als einen Notbehelf, der jedoch bis zum Nachweis eines besseren Ausweges beizubehalten sei. So ganz leicht dürfte es aber kaum sein, diesen Notbau zu ersetzen; es mag mit ihm so sein, wie mit manchen Werken der Architektur, die aus schnellen Entwürfen notdürftig aufgeführt dem praktischen Bedürfnis überraschend gut dienen. An dem Grundgedanken wird man festhalten dürfen; nur einzelne Teile der Bestimmung erscheinen verbesserungsbedürftig.

VIII.

a) Das Gesagte gilt vor allem für den die ratio legis verkörpernden Absatz I der Bestimmung: „Durch Mißbrauch von Formen und Gestaltungsmöglichkeiten des bürgerlichen Rechts kann die Steuerpflicht nicht umgangen oder gemindert werden." Allerdings ist es mir nicht ganz unzweifelhaft, ob diese Fassung wirklich dem vom Gesetzgeber gewollten Zweck gerecht wird. Durch argumentum e contrario gewinnt man nämlich den Satz: Andere Mittel (als mißbräuchliche Benutzung von Rechtsformen) können auch jetzt noch zur Umgehung der Steuerpflicht verwandt werden. War es wirklich die Absicht des Gesetzgebers, jede Steuerumgehung auszuschließen, so ist die Fassung der Absicht nicht gerecht geworden. Man hätte dann etwa sagen müssen: „Die Steuerpflicht wirtschaftlicher Lagen kann nicht durch Vermeidung der in den einzelnen Steuergesetzen vorgesehenen rechtlichen Tatbestände umgangen werden." Tatbestandsvermeidung, d. h. Nichtgebrauch bestimmter Rechtsformen (nicht Mißbrauch anderer Formen und Gestaltungsmöglichkeiten) ist das eigentliche Merkmal jeder Steuerumgehung, wie jeder Gesetzesumgehung überhaupt.

Ich halte aber die in das Gesetz aufgenommene Beschränkung der nicht zu duldenden Umgehungsfälle auf die durch

---

[1]) A. a. O. Anm. 2.

mißbräuchliche Benutzung von Rechtsformen ins Werk gesetzten für angebracht, mag sie nun beabsichtigt sein oder nicht. Denn wird die Steuerfreiheit bestimmter Verkehrsakte durch Verwendung von rechtlichen Gestaltungsmöglichkeiten erreicht, die dem normalen Wirtschaftsverkehr entsprechen, so liegt der Fehler stets an der mangelhaften Formulierung des einzelnen Steuertatbestandes durch den Gesetzgeber. Als Mindestforderung muß für jedes materielle Steuergesetz aufgestellt werden, daß es diejenigen Rechtsformen zu Steuertatbeständen erhebt, deren sich der übliche Verkehr zur Erreichung des mit der Steuer zu treffenden wirtschaftlichen Erfolges bedient oder sich doch wenigstens bedienen kann, ohne den Zweck der verwendeten Rechtsform zu verletzen. Die durch offensichtliche Fehler des Gesetzgebers ermöglichte Steuerumgehung kann praktisch auch nicht durch eine Generalklausel verhindert werden, wenn man nicht den Wortlaut des Gesetzes unter allen Umständen für völlig bedeutungslos erklären will. Damit erhält der schon oben[1]) entwickelte Satz der Wirtschaftsfreiheit[2]) (besser Freiheit in der Benutzung von beliebigen Rechtsformen zur Erreichung wirtschaftlicher Ziele) auch neben der Umgehungsklausel des § 5 AO. seinen guten Sinn. Grundsätzlich soll sich das Verkehrsleben bei der Auswahl der zu benutzenden Rechtsmöglichkeiten nicht um die Steuergesetze bekümmern[3]). Aufgabe des Steuergesetzgebers ist es, die Tatbestände so zu formulieren, daß sie vom Normalverkehr ohne besondere darauf gerichtete Absicht verwirklicht werden, weil ohne sie das gewünschte wirtschaftliche Ziel nicht zu erreichen ist. Das natürliche Bestreben des Wirtschaftslebens, von Steuerpflichten möglichst unbelastete Wege zu gehen, wird in keiner Weise eingeschränkt. Die einzige Schranke bildet der „Mißbrauch" von Rechtsformen, d. h. die Auswahl nicht nach Gesichtspunkten

---

[1]) Seite 228.
[2]) Vgl. über diesen Grundsatz Rosendorff, a. a. O. 23/24; daselbst weitere Angaben aus der früheren Rechtsprechung.
[3]) Mißverständlich ist insoweit das interessante Urteil R.F.H. XI, S. 112ff., das S. 115f. behauptet: § 5 hat ... mit dem Satze aufgeräumt, daß jeder sich auch hinsichtlich der Wahl der Rechtsformen, an die die Steuergesetze die Besteuerung knüpfen, so einrichten könne, daß er möglichst wenig Steuern zu zahlen brauche.

der Erreichung von Wirtschaftszwecken, sondern der Vermeidung von Rechtsfolgen. Dies führt zugleich zur klaren Erkenntnis dessen, was als Mißbrauch im Sinne der angegebenen Vorschrift betrachtet werden muß[1]).

b) Die in Absatz I des § 5 AO. schon vollständig formulierte ratio legis erschien dem Gesetzgeber zu weit und unbestimmt. Man glaubte, diese Generalklausel allein würde nicht ausreichen, den redlichen Verkehr vor ungerechtfertigter Inanspruchnahme durch übereifrige Steuerbehörden zu schützen. Aus diesem Grunde wurde der im Entwurf vorgesehene Absatz II beibehalten, obwohl der Verfasser des Entwurfs in den Ausschußberatungen keinen Hehl daraus machte, daß ihm eine solche einschränkende Verklausulierung des in Absatz I geformten Rechtssatzes zum mindesten überflüssig zu sein dünkte. Das Gesetz erläutert in Absatz II das Element des Umgehungstatbestandes „Mißbrauch" durch authentische Interpretation. Nur wenn diese näher aufgeführten besonderen Merkmale des „Mißbrauchs" im Sinne des Abs. I sämtlich nachgewiesen werden können, darf eine Steuerumgehung angenommen werden. Die Absicht des Gesetzgebers ging also dahin, die Auslegung des „unbestimmten Begriffes" Mißbrauch nicht der Praxis zu überlassen, sondern ihn in die bestimmten gesetzlichen Merkmale zu zerlegen, die der Anwendung des Umgehungsparagraphen engere Schranken ziehen sollten. Daß diese Absicht voll erreicht wäre, kann nicht zugegeben werden, denn diese Einzelmerkmale enthalten ihrerseits so viele unbestimmte Begriffe[2]), daß der Rechtsprechung eher erweiterte Auslegungsbefugnisse zuerkannt worden sind.

---

[1]) Wenn demnach der Grundgedanke des Absatz I erhalten bleiben soll, so würde ich de lege ferenda eine andere Wortfassung vorschlagen: In den Worten „Formen und Gestaltungsmöglichkeiten" scheint mir eine Tautologie insofern zu liegen, als Formen im Grunde nur Gestaltungsmöglichkeiten sind. Die Begrenzung, welche in den Worten „des bürgerlichen" Rechts liegt, halte ich für zu eng. Ich glaube, daß für alles der Ausdruck „Rechtsgestaltungsmöglichkeiten" genügt.

[2]) „Nicht entsprechende Rechtsform", „im wesentlichen derselbe Erfolg", „nur geringe Bedeutung" usw. Immerhin handelt es sich hier noch um die Auslegung unbestimmter Begriffe, nicht um Ermessensfragen.

Im einzelnen verlangt Absatz II, wenn ein Mißbrauch als vorliegend angenommen werden soll:

1. Die Verwirklichung eines wirtschaftlichen Zieles „in einer ihm nicht entsprechenden ungewöhnlichen Rechtsform", vorausgesetzt, daß das Steuergesetz die in Frage kommenden wirtschaftlichen Vorgänge, Tatsachen und Verhältnisse in der „ihnen entsprechenden rechtlichen Gestaltung" zum Steuertatbestand erhoben hat. Der Nachdruck ist hier darauf zu legen, daß die gewählte Rechtsform dem erzielten Erfolge nicht entspricht; ungewöhnlich (im Sinne von „nicht häufig") braucht das Rechtsgeschäft an sich nicht zu sein, sondern nur in Verbindung mit dem erreichten wirtschaftlichen Ziel[1]).

2. Die Erreichung eines (in Ansehung des praktischen Ergebnisses) im wesentlichen gleichen Erfolges auf dem Umgehungswege, der auch bei Anwendung der normalen Rechtsgestaltung erzielt worden wäre.

3. Völlige Bedeutungslosigkeit, mindestens aber „nur geringe Bedeutung" von Rechtsnachteilen, die der Umgehungsweg gegenüber dem Normalweg des Steuertatbestandes etwa mit sich bringt. Es werden also nur die außersteuerrechtlichen Folgen des Normalweges mit denen des Umgehungsweges verglichen; nicht etwa darf abgestellt werden auf die Steuervorteile, die das Umgehungsgeschäft gegenüber dessen etwaigen Rechtsnachteilen bietet. Denn die steuerlichen Vorzüge werden meistens so erheblich sein, daß die fernerliegende Möglichkeit von Rechtsnachteilen gern in den Kauf genommen wird. Als solche

---

[1]) Selbst das ist nicht unbedingt notwendig; die Umgehung eines Steuergesetzes bleibt als solche bestehen, auch wenn sie (nach Bekanntwerden des betreffenden Steuergesetzes) durchaus nicht mehr als ungewöhnlich anzusehen ist. Vgl. dazu meine Bemerkungen in Recht und Wirtschaft 1921, S. 218. Neuerdings führt der Reichsfinanzhof Bd. X, S. 67 aus: „Ihren Charakter als eine ungewöhnliche Form streift die besondere Form auch nicht dadurch ab, daß neuerdings der Versuch, durch diese Form die Steuer zu umgehen, nicht vereinzelt geblieben ist. Ob eine Rechtsform ungewöhnlich ist, ist nur vom Standpunkt der natürlichen Befriedigung des wirtschaftlichen Bedürfnisses aus zu beurteilen." Das scheint mir zu unbestimmt zu sein; was ist im Zweifelsfalle (!) unter „natürlicher" Befriedigung eines wirtschaftlichen Bedürfnisses zu verstehen?

kommen namentlich Haftungserweiterungen in Betracht, mit deren Praktischwerden zunächst nicht gerechnet wird.

4. Die Absicht der Steuerumgehung[1]). Sind wirtschaftliche oder außersteuerrechtliche Vorteile für die Beteiligten ausschlaggebend gewesen, den ungewöhnlichen Rechtsweg zu gehen, so entfällt die Anwendbarkeit des § 5 AO. Freilich bedarf es genauer Prüfung, ob diese angeblichen Vorteile nicht nur zum Schein ins Feld geführt werden, um die in Wahrheit vorhandene Absicht der Steuerersparung zu verschleiern. Nicht ausreichend zur Anwendung des § 5 ist aber nach der Rechtsprechung des Reichsfinanzhofs[2]) der Umstand, daß der gewählte Weg auch Steuervorteile mit sich bringt und die Parteien ihn mit darum anderen Rechtsformen vorzogen. Ein formeller Nachweis der Umgehungsabsicht wird freilich von der Steuerbehörde nur in den seltensten Fällen geführt werden können; nach der Gestaltung der Beweislast im Steuerprozeß bedarf es dessen auch nicht. Es genügt meines Erachtens die sich aus den Umständen ergebende Überzeugung der Behörden und Gerichte, daß außersteuerliche Gründe bei der Wahl des Weges keine ausschlaggebende Rolle gespielt haben.

c) Wird das Vorliegen einer Steuerumgehung nach Prüfung dieser Merkmale des Mißbrauchs sowie der Tatbestandsmerkmale des Absatz I[3]) als gegeben erachtet, so tritt die bei Gesetzes-

---

[1]) Abs. II, Nr. 1: „Zur Umgehung der Steuer."
[2]) Vgl. die interessante Entscheidung Bd. V, S. 30.
[3]) Auch diese müssen als vorliegend im Einzelfall festgestellt werden. Insbesondere setzt Abs. I voraus, daß objektiv eine Umgehung oder Minderung der Steuer durch das Umgehungsgeschäft möglich wäre, wenn nicht § 5 eingreifen würde. Ist das nicht der Fall, so kann § 5 keine Anwendung finden. Dies führt zu der praktisch wichtigen Folgerung, daß § 5 A.O. niemals zugunsten des Umgehers eingreift. Glaubt jemand, die mißbräuchliche Benutzung einer Rechtsform würde ihm steuerliche Vorteile bringen, stellt sich aber nachher heraus, daß sich der Betreffende bei Anwendung der tatbestandsmäßigen Normalform auch steuerlich besser gestanden haben würde, so kann er nicht zu seinen Gunsten verlangen, daß das von ihm verwirklichte Geschäft auf Grund von § 5 A.O. in den Normaltatbestand umgedeutet wird. § 5 enthält eben keine allgemeine Rechtsregel, sondern nur ein Schutzgesetz zugunsten des Fiskus. Vgl. hierzu neuerdings die Entscheidung des R.F.H. Bd. XI, S. 112, die auch sonst in vieler Beziehung Bemerkenswertes bietet.

umgehungen gewöhnliche Rechtsfolge ein. Das umgangene Gesetz wird auf den Umgehungstatbestand angewandt; der Umgeher wird so behandelt, als ob er den gesetzlichen Tatbestand verwirklicht hätte. Diese Umdeutung des verwirklichten Tatbestandes in die in Wahrheit nicht vorliegende „angemessene rechtliche Gestaltung" wird bei nicht ganz einfachen Fällen auf Schwierigkeiten stoßen. Eingriffsrechte des Staates in die Privatsphäre der Untertanen auf eine Fiktion zu gründen (um eine solche handelt es sich im Abs. III des § 5 AO.), ist mit dem Gedanken des Rechtsstaates kaum vereinbar. Die Fiktion gilt freilich nur für das Gebiet der Besteuerung; bei Rechtsfragen aus anderen Gebieten darf nur vom verwirklichten, nicht vom umgedeuteten Tatbestand ausgegangen werden. Für das Steuerrecht ist aber die Umdeutung vollkommen durchzuführen; „Steuern, die auf Grund der für unwirksam zu erachtenden Maßnahmen etwa entrichtet sind, werden auf Antrag erstattet[1]", sobald die Entscheidung, welche die Umgehung feststellt, rechtskräftig geworden ist.

IX.

Bei den in den einzelnen Steuergesetzen zur präventiven Umgehungsverhütung aufgestellten Sondertatbeständen ist eine solche Umdeutung nicht erforderlich. Der gesetzliche Tatbestand ist verwirklicht und führt unmittelbar zur Besteuerung; soweit die Sondernorm reicht, findet also § 5 AO. keine Anwendung. Die Umgehungsnormen der Einzelgesetze stehen daher zur Generalklausel im Verhältnis der Spezialität. Dies führt zu zwei wichtigen Folgerungen. Ergibt sich im Wege der Gesetzesauslegung, daß der Gesetzgeber durch Aufstellung eines bestimmten Sondertatbestandes einen anderen hat ausschließen wollen, so kann auf diesen auch § 5 AO. keine Anwendung finden. Insoweit besteht dann keine Lücke im Gesetz, die durch die Generalklausel überbrückt werden müßte. Daher bedarf es vor deren Anwendung stets der Prüfung, ob nicht der zur Beurteilung stehende Tatbestand durch Nichtaufnahme unter die Spezialumgehungs-

---

[1]) Beziehungsweise durch Aufrechnung auf die höhere Steuer zur Anrechnung gebracht (§ 103 A.O.).

bestimmungen von der Steuerpflicht von vornherein ausgeschlossen werden sollte. Ferner: Fällt ein Umgehungsgeschäft unter eine Sondernorm, so ist § 5 AO. nicht anwendbar, selbst wenn er gleichfalls verwirklicht ist und seine Wirkungen für den Steuerpflichtigen ungünstiger sind als die der Sondernorm[1]). Vielmehr gilt hier uneingeschränkt der Grundsatz: lex specialis derogat legi generali. Dies ist insbesondere dann wichtig, wenn die Einzelgesetze beim Vorliegen bestimmter Tatumstände die Absicht der Steuerumgehung stets als gegeben voraussetzen und derartige Fälle deshalb (ohne daß diese Absicht nachgewiesen werden müßte) von vornherein steuerlich benachteiligen. Das trifft beispielsweise auf die erbschaftssteuerliche Behandlung der Adoptivkinder zu; das B.G.B. (§ 1757 I) stellt sie grundsätzlich den ehelichen Kindern gleich; das Erbschaftssteuergesetz (§ 9) verweist sie in die vorletzte Steuerklasse, während die ehelichen Kinder in der meistbegünstigten ersten Klasse ihren Platz finden. Ich lasse es dahingestellt, ob diese Präsumption der Steuerumgehungsabsicht (ohne daß die Möglichkeit eines Gegenbeweises überhaupt zugelassen wäre!) bei **jeder** Adoption berechtigt ist[2]); stellt sich aber heraus, daß diese

---

[1]) Sind die steuerlichen Folgen der Spezialklausel und der Generalklausel die gleichen, so ist es im Ergebnis gleichgültig, welche von beiden Normen zur Anwendung gelangt. Im Interesse der juristischen Sauberkeit wird man jedoch auch in diesen Fällen die Anwendung des Spezialgesetzes fordern müssen. Ich halte z. B. § 6 des Gr. Erw. St. Ges. (wie oben S. 263 f. bereits ausgeführt wurde) für eine Spezialbestimmung, die sämtliche theoretisch denkbaren Umgehungsfälle der Grunderwerbssteuer in sich schließen muß. Daher bezweifle ich, ob in Grunderwerbssteuersachen der § 5 A.O. überhaupt herangezogen werden darf. Wo dies bisher geschehen ist (R.F.H. Bd. V, S. 249; Bd. VI, S. 118), hätte m. E. § 6 Gr. Erw. St. Ges. stets ausgereicht. Freilich war, das ist zuzugeben, die Subsumtion des Tatbestandes unter § 5 A.O. einfacher als unter § 6 Gr. Erw. St. Ges., namentlich im letztgenannten Urteil, — ein gewisses Anzeichen dafür, daß Spezialumgehungsnormen, die lediglich das Motiv des Gesetzes zum Gesetz erheben, praktisch schwer anzuwenden sind.

[2]) Das Grunderwerbssteuergesetz (§ 8 Ziffer 4) versagt — im Gegensatz zum Erbschaftssteuergesetz — beim Erwerb durch Adoptivkinder die Steuerbegünstigung der nahen Angehörigen nur dann, wenn die Adoption zum Zwecke der Steuerersparung (das Gesetz spricht unrichtig von Steuerhinterziehung) erfolgt ist. Im allgemeinen sehen allerdings die Einzelgesetze davon ab, ein so schwieriges subjektives Merkmal, wie die „Absicht der Steuerersparung", in den Tatbestand aufzunehmen. Die

Absicht wirklich vorhanden war, so kann das Adoptivkind trotzdem nicht auf Grund von § 5 AO. nach der letzten Erbschaftssteuerklasse besteuert werden. Der Steuernachteil ist auf jeden Fall durch das Spezialgesetz erschöpft.

X.

General- wie Spezialklauseln sind beide nur dann anwendbar, wenn die in ihnen normierten Tatbestände in Wahrheit verwirklicht sind; insbesondere kann § 5 AO. nicht erweiternd dahin ausgelegt werden, daß jedes Rechtsgeschäft zur Abgabenminderung nunmehr ausgeschlossen sei. Dies führt zur Abgrenzung des Bereichs der unwirksamen Steuerumgehung von dem Gebiete der zulässigen Steuerersparung. Daß auch nach Erlaß der Abgabenordnung abgabenmindernde Rechtsgestaltungen möglich sind, dürfte kaum zu bestreiten sein; der Kreis dieser Möglichkeiten läßt sich am einfachsten negativ aus dem Tatbestand des § 5 AO. herleiten: Alles, was nicht unter diesen Paragraphen fällt (und auch nicht von einem Einzelsteuergesetz getroffen wird), muß als erlaubte Steuerersparung angesehen werden. Hieraus ergibt sich die Stellungnahme zu folgenden Einzelfällen:

1. Mangelt es bei einem Ersparungsgeschäft auch nur an einem der in Absatz II aufgeführten Merkmale des Mißbrauchs, so kann § 5 AO. nicht eingreifen; dem Rechtsgeschäft darf auch die steuerliche Wirksamkeit nicht versagt werden. So ist die Generalklausel unanwendbar, wenn z. B. Ehegatten in der alleinigen Absicht, Steuern zu ersparen, bei der Verfügung über ihr zukünftiges Erbe statt eines gemeinschaftlichen korrespektiven Testaments oder einer Vorerbschaft die steuerlich günstigere Form des lebenslangen Nießbrauchs des Überlebenden wählen (keine ungewöhnliche Rechtsform), oder wenn eine G.m.b.H. aus Steuergründen in eine offene H.G. umgewandelt wird (erhebliche Rechtsnachteile), oder wenn ein Erblasser sein Erbe nicht nur unter seine fünf

---

Sondertatbestände stellen insofern praesumptiones iuris et de jure dar. Ein Gegenbeweis ist jedoch zuweilen ausdrücklich zugelassen, z. B. in der Bestimmung über Hinzurechnung von Schenkungen an nahe Angehörige zur Minderung des Reichsnotopfers. Vgl. §§ 13 und 14, Nr. 5 R.N.O. Ges.; (in letzterer Bestimmung müßte das Wort Steuerhinterziehung gleichfalls durch Steuerersparung ersetzt werden).

Kinder, sondern auch unter seine fünfundzwanzig Enkel teilt (nicht der gleiche wirtschaftliche Erfolg). Soweit in derartigen Ersparungsmaßnahmen nur der auch jetzt noch gültige Grundsatz der Wirtschaftsfreiheit zum Ausdruck kommt, ist gegen sie nichts einzuwenden. Es ist aber zu befürchten, daß die allzu eingehende Formulierung der Mißbrauchsmerkmale in Absatz II geradezu Veranlassung geben wird, die Umgehungsparagraphen selbst zu umgehen. Gelingt es, eine Rechtsform zu finden, die auch nur eines der Mißbrauchsmerkmale nicht aufweist, so ist damit alles gewonnen. Behält man den Absatz II bei, so wird er binnen kurzem zur „magna charta des Steuerschiebers" geworden sein, und dies um so mehr, je mehr die Rechtsprechung für die verschiedenen unbestimmten Begriffe dieses Absatzes feste Auslegungsregeln gefunden hat.

2. Die Umgehung einer Steuerpflicht setzt voraus, daß eine solche bereits kraft Gesetzes besteht. Daher fallen Maßnahmen zur Vermeidung zukünftiger Steuerpflichten nicht unter § 5 AO.[1]). Gegen derartige Handlungen kann nur rückwirkende Kraft der neuerlassenen Steuergesetze helfen. Inwieweit es aus sonstigen Gründen ratsam ist, dieses gefährliche Mittel zu vermeiden, ist eine andere, hier nicht zu erörternde Frage.

3. § 5 AO. setzt voraus, daß einzelne Formen und Gestaltungsmöglichkeiten zur Steuerumgehung mißbraucht werden; er trifft nicht einen Gesamtwirtschaftsplan, der zum Zwecke der Abgabenverminderung durchgeführt wird[2]). Daher ist z. B. eine sog.

---

[1]) Sehr anfechtbar ist von diesem Gesichtspunkte aus der Erlaß des Reichsfin.-Min. vom 9. I. 20 (R.St.Bl. 1920, S. 67 f.), soweit er den § 5 AO. auf Vorausleistungen für noch nicht gelieferte Waren zur Ersparung der ab 1. I. 1920 erhöhten Umsatzsteuer anwenden will. — Richard Becher (N. St. Rundschau I, S. 153) spricht bei Erörterung dieses Erlasses mit Recht von Mißbrauch des Mißbrauchsparagraphen; dagegen ferner Rosendorff, Steuerersparung usw., S. 47. Richtig Popitz, Kom. z. Ums.St.Ges. § 46, Anm. V 2 e.

[2]) Vorausgesetzt, daß der § 5 A.O. auf die Rechtsgeschäfte zur Durchführung dieses Gesamtwirtschaftsplans nicht wieder zur Anwendung gebracht werden muß. So bei der G. m. b. H. & Co. (s. oben S. 257 f.). Anders ist aber m. E. folgender Fall zu beurteilen, den der V. Senat des R. F. H. Bd. X, S. 205 entschieden hat: Mehrere Händler schließen sich zu einer G. m. b. H. zusammen, unter deren Firma sie ihre frühere selbständige

Vertikalgründung (die Vereinigung der Betriebe, die ein Fabrikat in mehreren Produktionsstufen fertigstellen, in der Hand eines Rechtssubjekts) zum Zwecke der Umsatzsteuerersparung durch die Umgehungsklausel nicht angreifbar; sie fällt in das Gebiet der Wirtschaftsfreiheit.

4. Mißbrauch von Rechtsformen ist zu unterscheiden vom **Mißbrauch wirtschaftlicher Möglichkeiten**, d. h. der Verwendung von Gütern in einer dem Üblichen nicht entsprechenden Weise: Wer sein Vermögen im eigenen Interesse verwendet (oder es auch nur in erbschaftssteuerfreien Gegenständen wie Hausrat, Schmuck, Sammlungen usw. anlegt), „spart" zwar Erbschaftssteuer, begeht aber keinen Rechtsmißbrauch[1]).

5. Um der Steuerumgehung den Erfolg versagen zu können, müssen bestimmte Rechtsgestaltungsmaßnahmen „bei der Besteuerung ohne Bedeutung" bleiben, d. h. als nichtbestehend angenommen werden. Wir haben es hier mit einer Art der relativen Unwirksamkeit gewisser Rechtsakte zu tun[2]), und es fragt sich, ob alle nur möglichen Rechtsgestaltungsmöglichkeiten von dieser relativen Unwirksamkeit betroffen werden können. Diese Frage

---

gewerbliche Tätigkeit nunmehr als „Brotspediteure" fortsetzen. Soweit die Entscheidung, die Gesellschaft sei umsatzsteuerpflichtig, auf der Erwägung beruht, die Gesellschafter übten eine über den Rahmen der bloßen „Beförderung" der Waren hinausgehende Tätigkeit aus, vermag ich ihr zuzustimmen. Der Umstand dagegen, daß die Gesellschaft nur aus den früheren Händlern gebildet worden ist, die ihre bisherige Tätigkeit fortsetzen und dafür von der Gesellschaft ein nach der jeweiligen wirtschaftlichen Lage zu vereinbarendes Entgelt erhalten, kann m. E. die Anwendbarkeit von § 5 A.O. nicht begründen. Es mangelt an einer ungewöhnlichen Rechtsform, selbst wenn die sonstigen Tatbestandsmerkmale zutreffen sollten. Würde die Entscheidung sich nur auf den § 5 A.O. gründen, so müßte man sie als bedenklichen Fehlspruch bezeichnen.

[1]) Ähnlich ist auch die Verschleuderung oder Verschiebung von Vermögensteilen zum Zwecke der Herbeiführung einer fruchtlosen Zwangsvollstreckung wegen Steuerschulden zu beurteilen; sie ist sicher **keine Steuerumgehung**. Vgl. dazu Ball, N. St. Rundschau II, S. 125f.

[2]) **Wassertrüdinger**, Ztg. St.fragen I., S. 107 schlägt für diese Unwirksamkeit den Ausdruck „**Steuernichtigkeit**" vor; die Bezeichnung scheint mir zu weit zu gehen; sie erinnert in zu hohem Maße an § 138 B.G.B., mit dem § 5 A.O., wie oben gezeigt, nichts zu tun hat. Nicht die rechtliche Nichtigkeit ist das wesentliche, sondern die „Umdeutbarkeit".

möchte ich für diejenigen Akte des Rechtslebens verneinen, deren Unwirksamkeit nur unter besonderen Voraussetzungen und nur von einem ganz bestimmten beschränkten Personenkreis geltend gemacht werden kann, sofern dieser besondere Schutz der Rechtsbeständigkeit lediglich aus ethisch gesellschaftlichen Gründen im Interesse der nächstbeteiligten Personen getroffen worden ist. Ich denke hierbei vor allem an gewisse **familienrechtliche** Beziehungen, wie das Bestehen oder Nichtbestehen einer Ehe, eines Kindschaftsverhältnisses u. ä. Meines Erachtens muß auch die Steuerbehörde das Vorhandensein einer formell gültig geschlossenen Ehe stets anerkennen, selbst wenn sie ausschließlich aus steuerlichen Rücksichten geschlossen sein sollte. Der fiskalische Vorteil, welcher dem Staate durch Anwendung der Steuerumgehungsklausel auf solche höchst persönlichen Rechtsbeziehungen in einzelnen ganz seltenen Fällen erwachsen würde, kann den Nachteil gar nicht aufwiegen, der für die Allgemeinheit daraus entsteht, daß die Steuerbehörde für berechtigt gehalten wird, sich in solche intimsten Rechtsfragen überhaupt einzumischen.

XI.

§ 5 der Reichsabgabenordnung enthält **kein Verbot** der Steuerumgehung; **er versagt dem Umgehungsgeschäft nur den vom Umgeher beabsichtigten Erfolg.** Die Generalumgehungsklausel ist nichts anderes als ein **unbestimmter Steuertatbestand,** dessen Voraussetzungen und Folgen sich erst aus dem Einzelfall ergeben. Von diesem Gesichtspunkt aus werden auch die **strafrechtlichen Normen** der Reichsabgabenordnung, welche auf die Steuerumgehung Bezug nehmen, leicht verständlich. An sich ist der Umgehungstatbestand ebensowenig strafbar, wie die Verwirklichung jedes anderen Steuertatbestandes. Ebenso wie früher muß die Steuerumgehung auch heute noch als **erlaubtes Mittel** zur Steuerersparung gelten; nur daß dieses Mittel jetzt stets zur Erfolglosigkeit verdammt ist, vorausgesetzt, daß die Steuerbehörden genügende Rechtskenntnis besitzen zur erfolgreichen Handhabung des Umgehungsschutzapparates. Im Gegensatz zum Steuerhinterzieher kämpft der Umgeher gegen die Behörde mit **offenen Waffen:** er teilt ihr den der Wirklichkeit entsprechenden

Tatbestand mit und überläßt es ihr, an Hand des § 5 AO. die Folgerung der Steuerpflicht zu ziehen, die er an sich nicht als gegeben ansieht.

Diese Sachlage ändert sich, sobald der Umgeher den Umgehungstatbestand selbst zu verheimlichen trachtet und an Stelle dessen der Behörde die Merkmale eines absolut steuerfreien Tatbestandes mitteilt. Ein solches Vorgehen ist der Hinterziehung von Abgaben insofern vollständig gleichzuachten, als die Umgehung heute selbst steuerpflichtiger Tatbestand ist, dessen vorsätzliche Verheimlichung vor der Behörde bewirkt, daß die nach dem verwirklichten Tatbestand geschuldeten Einnahmen nicht zur Erhebung gelangen können. Der Haupttatbestand der Steuerhinterziehung (§ 359 I AO.) ist damit erfüllt.

Diese Argumentation trifft freilich nur die objektive Sachlage vollständig richtig; subjektiv liegt der Fall anders: Der Steuerumgeher nimmt das Umgehungsgeschäft in der Absicht vor, Steuern zu ersparen, also einen steuerfreien oder doch mit Steuern weniger belasteten Tatbestand zu verwirklichen. Zum mindesten ist sein dolus eventualis darauf gerichtet. Würde er von vornherein von der Erfolglosigkeit seines Handelns überzeugt sein, so läge für ihn kein Grund vor, den nicht verkehrsüblichen Umgehungsweg an Stelle des sicher zur Steuerpflicht führenden Normalweges zu wählen[1]). Bringt er die von ihm verwirklichten Umgehungshandlungen nicht zur vollen Kenntnis der Steuerbehörden, so glaubt er nicht, den Staat um den ihm sicher zustehenden Steueranspruch zu bringen; er will vielmehr den unangenehmen Erörterungen aus dem Wege gehen, ob seine Handlungsweise nicht doch eine Steuerumgehung darstellt und daher steuerpflichtig ist (was er seinerseits nicht oder doch nicht bestimmt annimmt).

---

[1]) Freilich kann der Fall auch so liegen, daß der Umgeher selbst sein Handeln als unter § 5 A.O. fallend ansieht, aber darauf rechnet, die Behörde würde darauf „hereinfallen" und ihn nicht zur Steuer heranziehen. Auch dann liegt noch Steuerumgehung, nicht Steuerhinterziehung vor. Der Täter bleibt straflos, wenn er seine Ermittlungspflichten erfüllt hat. Ein Spekulieren auf die Rechtsunkenntnis der Behörde kann nicht zur Strafbarkeit führen: iura novit curia. Derartig gelagerte Fälle dürften heute häufiger sein, als man denken möchte.

Unter Berücksichtigung dieses subjektiven Momentes hat der Gesetzgeber nur folgerichtig gehandelt, wenn er die **Verschleierung der Steuerumgehung** nicht von vornherein der Steuerhinterziehung gleichgestellt hat, sondern dieses Delikt einer **strafrechtlichen Sonderregelung** unterworfen hat[1]). Der die Strafbarkeit der Steuerumgehung normierende § 359 Absatz IV ergibt zunächst den **Grundsatz der Straflosigkeit** einer Umgehungshandlung. Nur dann ist eine Umgehung als[2]) Steuerhinterziehung strafbar, wenn mit ihr eine **vorsätzliche Verletzung der Pflichten** verbunden ist, die dem Täter im Interesse der Ermittlung einer Steuerpflicht obliegen. Daß an die verschleierte Steuerumgehung die gleiche Strafe geknüpft ist wie an die Steuerhinterziehung, erscheint gerechtfertigt. Wer es für nötig hält, seine Umgehungshandlung noch einmal mit der schützenden Hülle falscher Angaben zu umkleiden, dürfte kaum davon überzeugt sein, daß sein Geschäftsgebaren ohne Besteuerung möglich sei. Gerade wenn man klar erkennt, daß der gewöhnlichen, offen zur Kenntnis der Behörden gebrachten Umgehungshandlung kein sittlicher Makel anhaftet, muß man für eine energische Verfolgung desjenigen eintreten, der sich durch das Verheimlichen oder Ver-

---

[1]) Nur nebenbei möchte ich hier bemerken, daß das **Scheingeschäft**, welches ein steuerpflichtiges Rechtsgeschäft **verdeckt**, den Hinterziehungstatbestand vollständig erfüllt. Hier sind die Beteiligten davon überzeugt, daß der von ihnen in Wahrheit verwirklichte Tatbestand unbedingt steuerpflichtig ist; das simulierte Geschäft dient der Täuschung der Behörde über den dissimulierten Steuertatbestand. Die Wichtigkeit der Unterscheidung zwischen Scheingeschäft und Umgehung zeigt sich hier besonders deutlich. Das die Hinterziehung **verdeckende** Rechtsgeschäft kann natürlich auch ein Umgehungsgeschäft sein, von dem der Täter hofft, es würde von der Behörde nicht für steuerpflichtig gehalten werden. Täuscht er sich hierin, versagt die Behörde auf Grund von § 5 A.O. der Umgehung den Erfolg, so muß m. E. wegen **Versuchs** einer Hinterziehung (mit untauglichen Mitteln) nach § 359 I in Verbindung mit § 360 I A.O. bestraft werden. Wird dagegen das simulierte Umgehungsgeschäft für steuerfrei gehalten, so muß bei Aufdeckung des wahren Sachverhalts unmittelbar wegen vollendeter Hinterziehung nach § 359 I gestraft werden. § 359 IV kommt gar nicht in Frage. Unrichtig hier die sonst guten Ausführungen von Becker zu § 359 IV, Anm. 8.

[2]) Besser wäre die Fassung: „**wie eine Steuerhinterziehung**". Das Delikt der verschleierten Umgehung wird der Hinterziehung nicht begrifflich gleichgestellt, sondern nur hinsichtlich der Strafe.

schleiern seines Handelns mit dem Hinterzieher von vornherein auf eine Stufe stellt.

Die Frage der Strafbarkeit der Steuerumgehung erfährt durch § 367 Absatz II eine eigentümliche Komplikation: Nachdem dieser Paragraph in Absatz I das Delikt der **fahrlässigen Steuerverkürzung** (Steuergefährdung) normiert hat, fährt er fort:

„Eine Steuerumgehung (§ 5) ist nur dann als Steuergefährdung zu bestrafen, wenn die Verkürzung der Steuereinnahmen oder die Gewährung der ungerechtfertigten Steuervorteile dadurch bewirkt wird, daß der Täter vorsätzlich oder fahrlässig Pflichten verletzt, die ihm im Interesse der Ermittlung einer Steuerpflicht obliegen."

Diese Norm stimmt bis auf den Zusatz „oder fahrlässig" wörtlich mit dem vorher erwähnten Absatz IV des § 359 AO. überein, welcher die Strafbarkeit der Steuerumgehung als Steuerhinterziehung regelt. Die fahrlässige Verletzung der Ermittlungspflichten wird demnach, wenn sie mit einer zur Steuerverhinderung führenden Steuerumgehung zusammentrifft, stets nur mit der milderen[1]) Strafe der Steuergefährdung bestraft; bei der vorsätzlichen Verletzung von Ermittlungspflichten, verbunden mit einer Steuerumgehung, gibt der Wortlaut des Gesetzes nicht die geringste Grundlage, wann im Einzelfall auf Steuerhinterziehung, wann auf Steuergefährdung erkannt werden soll. Wie ist in solchen Fällen zu entscheiden? Das einfachste wäre es, die Worte „vorsätzlich oder" in § 367 II als einen Fehler des Gesetzestextes anzusehen und sie als überflüssig stets unbeachtet zu lassen. Für die Berechtigung einer solchen Korrektur ist aber nirgends ein Anhaltspunkt gegeben. Solange eine einigermaßen vernünftige Auslegungsmöglichkeit bei Aufrechterhaltung des Wortlautes gegeben ist, muß das Gesetz maßgebend bleiben. Einen Ausweg aus der Schwierigkeit sehe ich in folgender Auslegung[2]): Sowohl § 359 Absatz IV wie auch § 367 Absatz II sind

---

[1]) Geldstrafe, von höchstens dem halben Betrag der Hinterziehungsgeldstrafe.

[2]) Ich entnehme diesen Gedankengang der bisher ungedruckten Arbeit meines Schülers Wehner, Die Steuerhinterziehung und Steuergefährdung. Diss. Bonn 1922, S. 102 ff. Daselbst auch eine Zusammenstellung der

zusammengesetzte Delikte. Der Tatbestand der Steuerumgehung muß mit einem anderen Tatbestand zusammentreffen, ähnlich der sog. Ordnungswidrigkeit (vgl. § 377 AO.). Die Steuerumgehung setzt stets die Absicht der Steuerersparung voraus; sie kann also nur vorsätzlich begangen werden; dagegen kann man „die im Interesse der Steuerpflicht obliegenden Pflichten" sowohl vorsätzlich als auch fahrlässig verletzen. Beide Elemente des zusammengesetzten Tatbestandes haben zunächst nichts miteinander zu tun. Treffen sie nur zufällig, ohne einheitliche Absicht zusammen, so ist stets nur Steuergefährdung (§ 367 II) als gegeben anzusehen, und zwar gleichgültig, ob die Verletzung der Ermittlungspflichten vorsätzlich oder fahrlässig erfolgt ist. Anders, wenn die Ordnungswidrigkeit begangen ist in der Absicht, die begangene Steuerumgehung der Kenntnis der Steuerbehörden zu entziehen. Hier hat nicht mehr das zufällige Nebeneinander beider Elemente zu einer Erfolgs- und damit auch Strafkumulation geführt; der zusammengesetzte Tatbestand ist vielmehr von einem einheitlichen Vorsatz umspannt. Die Verletzung der Ermittlungspflichten erfolgt einzig zu dem Zweck und in der Absicht, den Umgehungstatbestand zu verschleiern. In solchen Fällen ist nach § 359 IV auf die Strafe der Steuerhinterziehung zu erkennen.

XII.

Überblickt man die vorstehend verarbeiteten Umgehungsentscheidungen, die der Reichsfinanzhof auf Grund des § 5 AO. gefällt und in der amtlichen Sammlung veröffentlicht hat[2]), so fällt sofort die geringe Anzahl von Anwendungsfällen dieser Norm auf, von der man vielfach eine grundlegende Umänderung der gesamten Steuerrechtsprechung erwartet hat. In den drei ersten Jahren der Geltung der Reichsabgabenordnung hat das oberste Finanzgericht Deutschlands es nur siebenmal nötig gehabt, grundsätzlich wichtige Entscheidungen zur Steuerumgehung zu fällen. Und selbst diese geringe Zahl entspricht noch nicht der wirklich praktischen Bedeutung dieser heiß umstrittenen Bestimmung.

---

bisherigen, ziemlich verwirrten Auslegungsvorschläge dieser Vorschrift. Im wesentlichen richtig Buck-Lucas, Handausgabe der A.O. 2. Aufl. S. 551.

[2]) Nur diesen kommt nach § 44 A.O. grundsätzliche Bedeutung zu! Berücksichtigt wurden die Urteile bis Bd. XI, S. 112.

Drei Urteile¹) bringen den § 5 AO. auf Umgehungen des Grunderwerbsteuergesetzes zur Anwendung; das halte ich, wie bereits mehrfach betont, für bedenklich: § 6 des Grunderwerbsteuergesetzes enthält eine Spezialbestimmung, die den eigentlichen Zweck des Gesetzes zur Gesetzesnorm erhoben hat und die demnach alle nur denkbaren Umgehungsfälle dieses Gesetzes theoretisch in sich schließen muß; jedoch gebe ich zu, daß es praktisch schwer ist, mit so unbestimmten Klauseln, wie § 6 Gr. Erw. St. Ges. durchzugreifen. Der § 5 AO. erweist sich hier als ein verhältnismäßig einfaches, wenn auch keineswegs unentbehrliches Hilfsmittel. — Bei zwei weiteren Urteilen liegen nach meiner Überzeugung Fehlsprüche vor: Dem Bd. VIII, S. 163 entschiedenen Umsatzsteuerfall (Viehaufkäufer) liegt in Wahrheit kein Umgehungsgeschäft, sondern eine auf Düpierung der Steuerbehörde berechnete, nicht ernsthafte Willenserklärung zugrunde, der schon nach § 117 II B.G.B. der gewünschte steuerliche Erfolg hätte versagt werden können; das Bd. X, S. 205 gleichfalls als Umsatzsteuerumgehung gebrandmarkte Verhalten der „Brotspediteure" halte ich nicht für ausreichend, den § 5 AO. zur Anwendung zu bringen. Der Senat hat es hier (ausnahmsweise!) an einer genauen Untersuchung fehlen lassen, ob sämtliche Merkmale des § 5 Abs. II wirklich vorhanden sind. So bleiben im wesentlichen nur zwei Fälle übrig, in denen ein Umgehungsgeschäft ohne den § 5 AO. nicht zur Steuer hätte herangezogen werden können: die „verdeckte" Gewinnverteilung Bd. IV, S. 113, wo freilich die Grenze zwischen Umgehungsgeschäft und Scheingeschäft in der Begründung nicht mit der erforderlichen Schärfe gezogen erscheint — und endlich die Ablehnung der steuerlichen Anerkennung einer der häufigsten Umgehungsformen, der G.m.b.H. und Co., Kommanditgesellschaft (Bd. X, S. 65). Daß es sich im letzteren Fall um eine besonders häufige Erscheinung handelt, erkennt der entscheidende Senat selbst an; man mag darin eine Aufforderung an den Gesetzgeber erblicken, de lege ferenda diese Gesellschaftsform in den Einzelsteuergesetzen unmittelbar anzufassen.

Dieser Überblick läßt die Frage auftauchen: Auf welche Gründe

---

¹) Bd. V, S. 247; Bd. VI, S. 118; Bd. XI, S. 105.

ist diese bisher überraschend geringe praktische Bedeutung der Generalklausel zur Verhinderung der Steuerumgehung zurückzuführen? Sicher nicht darauf, daß die unteren Instanzen den § 5 AO. mit so überzeugender Begründung zur Anwendung gebracht hätten, daß die Pflichtigen auf eine Rechtsbeschwerde an den Reichsfinanzhof verzichtet hätten; die angeführten Urteile lassen im Gegenteil oft erkennen, daß die nichtrichterlichen Steuerbehörden recht unsicher über die Tragweite der Vorschrift gewesen sind. Eigene praktische Erfahrungen stimmen damit vielfach überein. Ich glaube auch nicht, daß der § 5 AO. schon jetzt in erheblichem Maße Abschreckungswirkungen bei den Steuerschiebern gezeitigt hat; es ist heute so leicht, Steuern zu hinterziehen, daß es sich kaum lohnt, den im Erfolg unsicheren Umgehungsweg überhaupt zu betreten. Das kann allerdings anders werden, sobald der bisher ziemlich ergebnislose Kampf der Behörden gegen die Steuerhinterziehung Erfolge zu zeitigen beginnt. Wird die Gefahr, die dem Schieber strafrechtlich droht, erst so groß, daß sie geeignet ist, von Delikten abzuschrecken, so wird die Zahl der im Erfolg zwar zweifelhaften, sicher aber straflosen Umgehungsgeschäfte größer werden. Dann erst dürfte die Zeit zu einer ausgedehnteren Anwendung der Umgehungsparagraphen gekommen sein.

Dies führt zu der letzten Untersuchung: Wie hat sich der Steuergesetzgeber de lege ferenda zu dem Umgehungsproblem zu stellen? Diese Untersuchung bedarf der Zerlegung in mehrere Unterfragen. Die erste kann auf die Formel gebracht werden: Generalklausel oder Spezialumgehungstatbestände in den Einzelsteuergesetzen? Aus Gründen der Rechtssicherheit muß man m. E. in erster Linie den Ausbau des Spezialklauselsystems befürworten. Bildet sich im Verkehrsleben eine typische Rechtsform zur Gesetzesumgehung heraus, so ist es das sicherste Mittel, derartige unerwünschte Gestaltungen zu unterbinden, daß ihnen der beabsichtigte steuerliche Erfolg durch Einreihung in die positiven Steuertatbestände versagt wird. Bei neuen und namentlich bei umgehungsgefährlichen Steuerarten kann eine Möglichkeit, solche Sondertatbestände vorläufig in vereinfachter Gesetzgebungsform aufzustellen, gute Dienste leisten. Ob es daneben noch in den Einzelgesetzen einer allgemeinen Bestimmung bedarf, die den Zweck des Gesetzes zur Rechtsnorm zu erheben versucht, dürfte causa favorabilis der Gesetzestechnik sein. Die Erfahrungen mit § 6 Gr.Erw.St.Ges. scheinen kaum zugunsten solcher Versuche zu sprechen; gerade die rechtliche Bestimmtheit und Zweifelsfreiheit, die im Rechtsstaat von Steuergesetzen in erster Linie gefordert werden muß, kann durch solche Generalklauseln in Einzelgesetzen nur selten erreicht werden. Die Bindung der Steuerpflicht an festumrissene Rechtstatbestände, deren Aufstellung unter Verwendung rechtlicher Begriffe anderer Gebiete, ist heute mehr als jemals notwendig.

Ob unter diesen Gesichtspunkten eine allgemeine Umgehungsklausel nach Art des § 5 AO. anzuempfehlen ist, erscheint fraglich. Ich persönlich bekenne mich auch hier zum Grundsatz der rechtlichen Starrheit in allen denjenigen Gesetzen, die dem Untertan Pflichten gegenüber dem Staat auferlegen. Die Tendenz zum „unbestimmten Begriff", die sich ohne Not zuweilen in unseren neueren Steuergesetzen breit macht, ist m. E. gefährlicher, als man heute anzunehmen geneigt ist. Freilich möchte ich auch die unmittelbar praktische Gefahr solcher Erscheinungen nicht übertreiben; sie sind wohl mehr Symptome des allgemeinen Zersetzungsprozesses, in dem sich der zuweilen zwar starre, stets aber widerstandsfähige Gedanke des Rechtsstaates seit einiger Zeit befindet, als daß ich glaube, die einzelne Norm dieser Art könne dem Verkehrsleben unmittelbar schwere Schädigung bringen. Auf der anderen Seite ist das Gebiet der echten Steuerumgehung praktisch kleiner, als man bisher angenommen hat. Ich gebe aber zu: es besteht ein Bereich von Möglichkeiten zur Steuerumgehung, der nur durch eine Generalklausel nach Art des § 5 in jedem Falle unterbunden werden kann, nicht aber durch erweiterte Auslegung oder durch Anwendung eines Rechtssatzes des sonstigen positiven Rechts. Wer die Errichtung einer wirksamen Sperrzone für dieses kleine Gebiet praktisch für erforderlich hält und die rechtsstaatlichen Nachteile, die eine solche Absperrung notwendig mit sich bringen muß, glaubt in den Kauf nehmen zu müssen (ich persönlich neige der entgegengesetzten Auffassung zu, vorausgesetzt, daß der Gesetzgeber das Schutzmittel der Spezialklauseln rasch und wirksam zu handhaben versteht), der wird eine Norm nach Art des § 5 AO. befürworten müssen.

Die Frage lautet auch heute nicht mehr, wie bei der Beratung der Reichsabgabenordnung: **Einführung oder Nichteinführung einer Generalklausel?**; sie ist heute nur noch in der Form zu stellen: **Soll § 5 AO. beibehalten oder gestrichen werden?** Die meisten in Betracht kommenden Stellen würden sich meines Erachtens heute für Beibehaltung aussprechen. Die vielfach von dieser Bestimmung befürchteten Behinderungen des Verkehrslebens haben sich, soweit meine Erfahrungen reichen, kaum eingestellt; die Wirtschaft rechnet jetzt mit diesem Paragraphen, der in manchen Fällen wohl auch heute schon vor allzu gewagten Experimenten abschrecken mag. Der Reichsfinanzhof hat — das muß trotz scharfer Einzelkritik, die seine Umgehungsrechtsprechung herausfordert, anerkannt werden — die ominöse Bestimmung bisher im ganzen zurückhaltend zur Anwendung gebracht; in keinem einzigen mir bekannten Fall hat er sie zur Waffe eines übertriebenen Fiskalismus herabgewürdigt[1]); zuweilen hat sie dem Gericht zu begrüßenswerten Einzelergebnissen verholfen, die ohne sie nicht hätten erzielt werden können. Je länger die Geltungsdauer der Abgabenordnung ist, um so fehlerfreier wird auch die Anwendung der Umgehungsklausel durch unsere Finanzbehörden werden. — Würde bei einer Revision der Abgabenordnung der § 5 vollständig gestrichen werden, so könnte das zu Mißdeutungen führen, die unbedingt vermieden werden müssen. Selbst grundsätzliche Gegner der Umgehungsklausel werden daher **heute für eine völlige Streichung der Bestimmung kaum mehr eintreten können**.

Erkennt man dies gesetzespolitisch als richtig an, so muß man sich weiter darüber klar werden: Soll der § 5 AO. unverändert beibehalten werden oder in veränderter Fassung? Wie bereits ausgeführt[2]), halte ich den Grundgedanken des Absatz I, nicht jeder Umgehung von Steuergesetzen den Erfolg zu versagen, sondern nur derjenigen, die durch „mißbräuchliche" Verwendung von Rechtsformen ins Werk gesetzt wird, für gerecht-

---

[1]) Selbst das bedenklichste Urteil Bd. X, S. 205 kann im Ergebnis aus anderen Erwägungen aufrecht erhalten bleiben. [2]) S. oben S. 268 f.

fertigt. Nur unter dieser Beschränkung behalten wir eine verhältnismäßige Rechtssicherheit auf dem gefahrvollen Gebiet der Umgehungsbekämpfung. Ich glaube auch, daß der vom Gesetz verwendete Ausdruck „Mißbrauch" bei richtiger Auslegung geeignet ist, die notwendige Grenze zwischen Umgehungs- und Ersparungsgeschäft mit genügender Klarheit zu ziehen. Für verfehlt halte ich es dagegen, den in Absatz I eingeführten Begriff des „Mißbrauchs" durch Legalinterpretation in Absatz II näher erläutern zu wollen. Nicht daß die hier aufgestellten Einzelmerkmale des zu erläuternden Begriffs unrichtig wären; bis auf die Nr. 3 („keine oder nur geringe Bedeutung etwaiger Rechtsnachteile, die der gewählte Weg mit sich bringt") hat auch hier der Verfasser des Entwurfs eine verhältnismäßig glückliche Hand gehabt. Es ist nur nutzlos und unpraktisch, einen unbestimmten Begriff durch eine Anzahl von anderen gleichfalls unbestimmten Merkmalen näher erläutern zu wollen. Der Umgeher kann nur dort durchkommen, wo das feste Gefüge der Rechtssätze Lücken zeigt, wo also die Bestimmtheit der Rechtsnorm aufhört. Ein Schutzmittel gegen die Gesetzesumgehung muß mit unbestimmten Begriffen arbeiten, wenn es überhaupt wirksam sein soll. Nur dann ist eine Umgehung der Umgehungsnorm selbst ausgeschlossen. Dann ist es aber besser, man beläßt es bei dem einen Merkmal, das den Zweck der Bestimmung gut widergibt, als daß man versucht, das doch nicht fest zu Fassende genau zu umschreiben. Die Hauptaufgabe bei der Umgehungsbekämpfung fällt doch den Gerichten, die den Einzelfall zu entscheiden haben, zu, und diese müssen in diesem Kampfe eine gewisse Bewegungsfreiheit besitzen. Glaubt der Gesetzgeber, diese nicht gewähren zu können, so muß er auf Umgehungsschutz durch Generalklauseln verzichten. Gerade die Rechtsprechung des Reichsfinanzhofs läßt eine Streichung des hinderlichen Absatz II als unbedenklich erscheinen.

Die im dritten Absatz normierten Rechtsfolgen sind konsequent; grundsätzlich bedürfen sie keiner Änderung. Empfehlen würde es sich m. E., Absatz I und Absatz III als Voraussetzung und Folge zusammenzuziehen. Der ganzen Bestimmung wäre alsdann etwa folgende, den bisherigen Sinn wenig verändernde, den Rechtsgedanken aber stärker hervortretende Fassung zu geben:

I. *Wird ein gesetzlicher Tatbestand zur Umgehung eines Steuergesetzes unter Mißbrauch von Rechtsgestaltungsmöglichkeiten vermieden, so sind die Steuern so zu erheben, als ob die wirtschaftliche Lage in der ihr angemessenen rechtlichen Gestaltung herbeigeführt worden wäre.*

II. *Steuern, die auf Grund des Umgehungsgeschäftes bereits erhoben worden sind, werden auf die nach Absatz I zu entrichtende Steuer von Amts wegen angerechnet oder auf Antrag erstattet.*

Auch für die mit dem Umgehungsbegriff arbeitenden Tatbestände des Steuerstrafrechts halte ich eine grundsätzliche Änderung nicht für erforderlich; das Delikt des § 367 II AO. wird man auch de lege ferenda beibehalten können, da es in hinsichtlich des einheitlichen Vorsatzes zweifelhaften Fällen durch Beweiserleichterung doch zur empfindlichen Bestrafung des Täters führen kann. Mit dem gesetzlichen Tatbestand wirklich übereinstimmende Fälle der fahrlässigen Steuerverkürzung, verbunden mit Steuerumgehung, dürften dagegen praktisch kaum vorkommen. Zur schärferen begrifflichen Scheidung der strafbaren Steuerumgehung von der Steuerhinterziehung und Steuergefährdung würde ich es für erwünscht halten, die beiden Delikte des § 359 IV und des § 367 II in einen besonderen Paragraphen zusammenzuziehen, der etwa hinter § 367 einzuschalten wäre; dieser § 367 a würde etwa folgendermaßen zu fassen sein:

I. *Eine Steuerumgehung (§ 5) ist nur dann wie eine Steuerhinterziehung zu bestrafen, wenn der Täter das Umgehungsgeschäft durch Verletzung steuerlicher Ermittlungspflichten vorsätzlich der Kenntnis der Steuerbehörde entzieht oder zu entziehen versucht.*

II. *Wird die Verschleierung des Umgehungsgeschäftes durch vorsätzliche oder fahrlässige Verletzung von Ermittlungspflichten fahrlässig herbeigeführt, so ist auf die für Steuergefährdung vorgesehene Geldstrafe zu erkennen.*

Printed by Libri Plureos GmbH
in Hamburg, Germany